U0788608

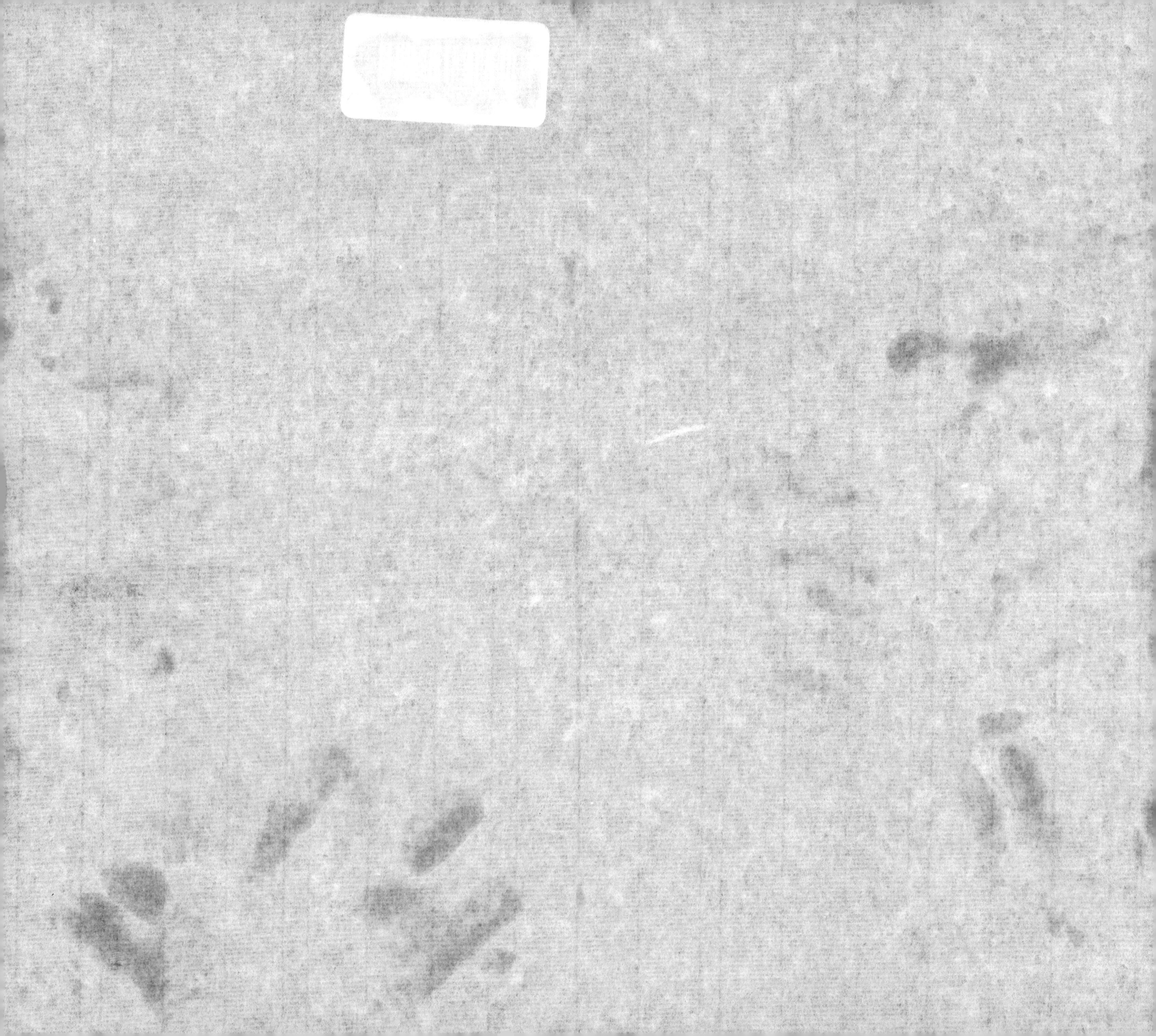

日下舊聞卷三十三

京畿九　昌平州上

昌平州在府北九十里 明一統志

昌平本漢舊縣屬上谷郡 方輿紀要

漢齊悼惠王子卯以昌平侯立爲膠西王縣名始見于此 昌平山水記

莽曰長昌 漢書注

光武時寇恂至昌平襲殺邯鄲使者奪其軍耿弇走昌平就其父況盧芳入朝南及昌平魏文帝拜牽招使持節護鮮卑校尉屯昌平章懷太子注漢故城在今幽州昌平縣東南 昌平山水記

薊城東北一百四十里有昌平城城西有昌[illegible]氏 土地記

晉仍爲昌平縣屬燕國後魏廢入軍都縣屬燕郡 方輿紀要

軍都縣有昌平城 魏書地形志

按漢設軍都居庸昌平三縣俱屬上谷郡後漢以昌平軍都屬廣陽郡晉以昌平軍都屬燕國而居庸仍屬上谷不改昌平本漢置至後魏始廢入軍都乃諸地志皆云本漢軍都縣而不及昌平且云後魏改爲昌平魏復漢舊名耳非改也惟方輿紀要不謬

魏太和中分恆州東部置燕州治昌平尋又置昌平郡東魏爲東燕州及昌平郡北齊因之 方輿紀要

易荆水東逕薊城又東逕平昌縣故城南又謂之昌平水 水經注

後周州郡並廢後又置平昌郡隋開皇初郡廢又省萬年縣入焉 隋書注

大業初昌平縣屬涿郡唐屬幽州 方輿紀要

五代唐同光二年改燕平縣 清類天文分野之書

按五代會要改幽州北平縣為燕平縣在長興三年八月

縣徙治曹村又徙于白浮圖城在今州西八里 方輿紀要

石晉復昌平舊名割地賂遼 清類天文分野之書

遼屬析津府 方輿紀要

金得地以遺宋宋宣和五年為燕山府屬七年復入金 清類天文分野之書

金屬大興府元屬大都路明初屬北平府永樂中屬順天府 方輿紀要

今昌平州故永安城也正統中調長獻景三陵衛于中東西三山口及東西二營地方駐劄以護陵寢及土木之難明年景泰元年於昌平縣之東八里築城徙衛于內名曰永安三年并昌平縣徙焉今之東西二門及城中大橋故南門遺蹟也其後續設陵衛益多乃於城南復築一城連之今之南門是也乃去舊城南面甎石而合為一周一十里二十四步州治在舊城內大街西尤為順天府昌平縣正德元年南京吏部尚書林瀚言陵

寢所在歲三大祭欽遣百官陪祀及帝后忌辰歲暮正旦並遣駙馬詣陵縣小民貧供億煩苦請改爲州以密雲順義懷柔三縣隸之协其力役凡有科派差徭及養馬之類悉皆優免從之未幾復降爲縣八年縣丞張懷復奏始定爲州以三縣屬焉昌平山水記

昌平升爲州議自林文安瀚始其戸部分司舊駐京歲一巡視而已正德中始開署昌平見林文記國史唯疑

州城有門三其南曰永安新城門一曰小南門二城皆內土外甎崇禎九年兵部侍郎張元佐拆舊城大南門墻補修東城門樓城正中有譙樓天順三年所建州治在城西偏學宮景泰三年自舊縣徙今治天順三年成昌平州志

馬房輝重修昌平縣儒學碑記學校古今之急務興則治安廢則亂亡必然之理也洪惟聖朝以經術治天下先德後刑本末具舉而條約悉備自監學而下路府郡邑咸設教官以育人材厚風化復慮有司奉行未至失於勉勵或至廢弛於是內則御史外則訪司恒加嚴督焉達魯花赤田斷公唐兀人也至元再元之五年出監昌平下車之後課農講學興利除害奉上御下咸得其宜不數月而政平訟理歌誦之聲溢於閭閈至正二年正月既望率僚佐祭于大成至聖文宣王廟禮行畢歷學左右顧盼闕壞未完之所盡然有動於心捐己貲一千五百餘緡適市材木募匠傭不斂於官不動於民皆出於公之規度贈嗟而

事已辦自肇作底訖工爲日二十有八於是壞者復闕者備煥然一新而人爭快覩矣

劉諫議祠在舊縣東景泰三年祠隨縣徙建于儒學內歲春秋上丁致祭州志

元泰定二年五月置諫議書院于昌平祀唐劉蕡元史

康里巎巎請褒贈唐劉蕡以旌正直帝從其請元史本傳

元建劉諫議祠許參政有壬爲之記長安客話

諫議書院元設山長主之明一統志

劉蕡字去華昌平人太和二年舉賢良方正對策指斥宦官遂不第令狐楚在興元牛僧孺在襄陽皆辟爲從事待如師友授秘書郎爲宦官所嫉誣以罪貶柳州司戶參軍卒昭宗時贈右諫議大夫元大定初以昌平驛官宮祺奏請始爲立祠祠本在舊縣縣徙祠亦徙焉在大成門之西程學士敏政詩云新祠門對頻池灣是也昌平山水記

劉蕡楊嗣復門生也唐登科記寶曆三年楊嗣復下三十五人裴休等時蕡第十九賦齊魯會于夾谷賦晦日與同志昆明池泛舟詩及第策直言中官嫉怒仇士良謂嗣復曰奈何以國家科第放此風漢耶嗣復懼曰昔與蕡及第時猶未風耳玉泉子

羅袞請褒贈劉蕡疏畧竊見故秘書郎責授柳州司戶臣劉蕡當太和年對直言策是時宦官方熾朝政已侵人誰敢言蕡獨指斥遂遭退黜實負冤欺其後

求言總是虛不盡懷賢千古意執鞭無路欲何如　王文恪公集

陸深詩諫議千年尚有祠唐宮禾黍久離離多情瘦馬衝寒到無數青山落照遲往事空傳臺下駿靈風常滿廟前旗冰霜入夜頻搔首欲奠芳椒侑楚辭　儼山集

林春澤詩志士惜流落故山還有祠名高下第日心苦上書時一點歸何晚羣姦死已遲豈知朝代別揮涕誦君詞　人瑞翁集

鄭善夫詩自昔悲歌地劉生有墓祠祇餘經世志況值諱言時去國英雄盡還山事業遲黃金舊臺北搔首動遐思　少谷集

黃佐劉蕡祠詩諫議祠堂在栖栖託泮林雨垣春蘚合風物暮蟬吟湓浦天何遠沙河水自深獸爐浮勁氣虬箭遞徽音社稷誰能奠經綸獨爾任殷方難入發喙古合投簪桑海時應變桃源路可尋炎荒終棄置幕府始浮沉宮府分南北興亡共古今吐言扶白日回首破層陰牢落千年夢淒清此夜心停鑣休遠躅呼酒滌煩襟宿鳥喧雲堞飛鴻掠月岑廣陵有餘恨非直雍門琴　泰泉集

許成名詩泮宮留俎豆城郭隱山祠落日春林外荒祠古樹邊青蘋還獨薦直道更誰憐感慨悲前事臨風一愴然　龍石集

嚴嵩詩瀛館虛塵榻香燈伴古祠衣冠秋祀到風節

里賢思堂近樓鸞樹泉分采藻池俊僚來袞袞仍續

舊題詩 鈐山堂集

何御詩北州劉諫議廟貌尚如初俎豆春秋日江山涕淚餘遺蹤問故老往事見唐書千載傷君意龍蛇自卷舒 白湖集

駱文盛宿昌平劉諫議祠詩諫議祠堂日已頹入門蕭瑟但蒿萊英風祇自懷千古行潦那能奠一杯人靜黽黽啼夜雨月明風露冷秋槐更餘不盡徘徊意手摸殘碑思轉哀 兩谿集

瑞光寺在州治後成化十年勅建 州志

榆河驛初設于榆河嘉靖中改附州城 昌平山水記

蓮塘在州治南三里八蜡廟前東西二水相環俗呼兩

水河傍植榆柳地多秔稻若水鄉焉 州志

沙河北店距州二十五里南店距州二十七里 同上

沙河店南有水出昌平州西南五十里龍泉寺合西山諸泉東流爲南沙河有橋曰安濟店北有水出昌平州西南四家莊逕雙塔村東流爲北沙河有橋曰朝宗二橋皆正統十二年命工部右侍郎王永壽建二水至店東南賓家莊而合又東南至通州界入白河 昌平山水記

吳寬渡沙河作橋下流澌玉一灣十年重此照衰顏踈林小店行厨設落日平原獵騎還葦杜南連多白草居庸北界盡蒼山天寒喜報王師轉驛路無塵羽檄閒 匏翁家藏集

許穀沙河道中和汝湖韻五渠春水接天河玉輦經游紫氣多夾路羽儀交日馭行宮仙樂動雲和飛魚口外龍旂轉洗馬橋邊豹尾過獨羨上卿遥扈蹕詩成傳出鳳凰坡 石城集

嘉靖十六年三月上駐蹕沙河視文皇帝行宮遺址禮部尚書嚴嵩因言沙河為聖駕展視陵寢之路南北道里適均我文皇肇建山陵之日即建行宮於兹正統時為水所壞今遺址尚存誠宜修復而不容緩者且居庸白羊近在西北若鼎建行宮于中環以城池設官戍守寧獨車駕駐蹕為便而封守慎固南護神京北衛陵寢東可以蔽密雲之衝西可以扼居庸之險聯絡控制居然增一北門重鎮矣上是其議命即日興工 世宗實錄

嚴嵩聖駕朝陵歌沙河士馬若雲屯萬姓環門識至尊青天突起迎鑾殿此地今為駐蹕村 鈐山堂集

夏言詩百年不覩朝陵駕父老懽呼識漢儀春日沙河河上水千村花柳映龍旂 陵祀護蹕錄

嘉靖十七年十一月勑兵部左侍郎樊繼祖沙河駐蹕之所宜有城池其往相度乃同廵撫戴金陸鈳廵按胡守中王應兵備副使潘鑑横直量度通一千一百五十五丈八尺其城垣四面量度停中惟南北二門乃鑾輿出入之處各開三門中門視左右為大南北二樓北東西亦加偉其城外濬池約離城六丈五尺濶二丈深一丈以嘉靖十八年正月興工既竣得旨城門南名扶京北名展思東名鎮遼西名威漠 建築號稿

鞏華城四券門如午門之制 經世挈要

戚元佐鞏華城即事詩鞏華晴散紫宸朝曉度春風威漢橋 世宗所題橋名 花映前茅仙蹕引日臨左纛玉驄驕山迴御氣雲中轉爐裊天香仗外飄六尚才人都後乘綵霞深處擁笙韶 青藜館集

王維楨鞏華城陟眺作沙城粉堞喜初凭壯接神京亦股肱地湧雲霞圍御宿峯懸松柏認皇陵青青輦道春苔合宛宛靈山紫氣凝盡說經營勞睿思羣工莫自論微能 槐野集

林垠沙河行宮詩宮殿連雲起城樓入漢低寒鴉如望幸朝夕自悲啼 野橋集

隆慶六年薊遼總督侍郎劉應節順天巡撫都御史楊

兆議於鞏華城外安濟橋起至通州渡口止疏通一河長可一百四十五里以運諸陵官軍餉發軍卒三千人治之 水部備考

萬曆元年二月命昌平兵備僉事張廷弼疏濬鞏華城外河聽民徙鞏華城居住即以輸官地價建修城隍廟 神宗實錄

流沙寺在鞏華城北門外元皇慶年建 州志

元福觀在州治南四十里 同上

元福宫弘治十七年建俗呼為迴龍觀 昌平山水記

楊巍宿回龍觀詩沙際開瑤館鑾輿幾度過日迴雙闕迴雲傍九陵多承露空仙掌沿堦自綠蘿夜深清吹發猶憶昔鳴珂 夢山集

唐家嶺店在州南四十五里 州志

車駕北征徐行則次唐家嶺疾行則一日而至榆林永樂二十二年四月上親征駐蹕唐家嶺以四日至居庸關宣德九年九月上廵邊駐蹕唐家嶺正統十四年七月上親征駐蹕唐家嶺以次日至龍虎臺 昌平山水記

白浮山在州東南十里上有二龍潭潭上有龍神祠 明一統志

白浮龍潭水流經白浮村元郭守敬築堰引水使西會馬眼等諸泉折而南流入于潞河以便漕運堰郎以白浮名 長安客話

白浮泉水在昌平縣界西折而南經甕山泊自西水門入都城焉 元史河渠志

郭守敬奉詔興水利上自昌平縣白浮村引神山泉西折而南過雙塔榆河一畝玉泉諸水經甕山泊至西水門入都城按神山白浮皆在州之東南地勢西高東下守敬乃能引之而西是不可曉 昌平山水記

大德十一年三月都水監言白浮甕山河隄崩三十餘里宜編荊笆爲水口以泄水勢計修笆口十一處四月興工十月畢 元史河渠志

皇慶元年正月都水監言白浮甕山隄多低薄崩陷宜修治來春二月入役八月修完長三十七里二百一十五步 同上

延祐元年四月都水監言自白浮甕山下至廣源牐隄堰多淤澱淺塞源泉微細不能通流由是會計工程差

軍千人疏治 同上

泰定四年八月發衛軍八千修白浮甕山河隄 元史泰定帝紀

燕帖木兒退師于白浮南敵軍復合鏖戰于白浮之野 元史本傳

至正十四年四月命各衛軍人修白浮甕山等處隄堰 元史河渠志

湯山在州東南三十里有溫泉可浴水經注濕水又東溫泉水注之疑即此也 昌平山水記

聖湯一在昌平北二十五里一在昌平南三十五里湯山有寺 元混一方輿勝覽

太平莊在州東南二十五里 州志

元延祐二年遷紅城屯軍于古北口太平莊屯種七年十二月罷太平莊屯田復于紅城周廻立屯 元史

初以永清等處田畝低下遷昌平縣之太平莊泰定三年五月以太平莊乃世祖經行之地營盤所在春秋往來牧放衛士頭匹不宜與漢軍立屯遂罷之止於舊立屯所耕作如故 同上

沮陽故城在東南四十里 州志

清夷水西逕沮陽縣故城北秦始皇上谷郡治此王莽改郡曰朔調縣曰沮陰 水經注

大口村在州東南五十五里 州志

元天曆二年五月丁丑帝發京師北迎明宗皇帝戊寅次于大口 元史文宗紀

松園在昌平州東門外延袤里許皆松檜無一雜樹以備陵樹缺移栽也二百年來禁人樵采遂成大林燕都游覽志

無名氏詩鬱鬱松千樹青青閱歲時人間不敢採留作萬年枝昌平舊志

東山口村在州城東七里州志

東山口內一里水中有小山曰平臺山成祖嘗駐蹕焉嘉靖十五里上命作亭于上名曰聖蹟十七年四月上幸平臺山祀成祖文皇帝于亭中亭圓以白石爲欄盤旋數十級而上御題聖蹟二字當口一小山曰影山口內北三里有蟒山昌平山水記

萬曆十一年閏月上詣壽子嶺灃谷嶺勒草窪相擇壽宮至東山口登聖蹟亭神宗實錄

皇甫涍平臺山扈從詩昔駐文皇蹕歡傳萬壽杯誰言紫霄上重見翠華來曉樹峯巒合春花棟宇開勝圖臨塞壤嘉績改平臺豫蹕承雲轉靈旂繞澗迴捫天叨法從遊聖愧仙才少元集

緜山在州東十五里或名宜山元混一方輿勝覽載有緜山寺金眞定周昂題詩其上有云野澗羣山驚破碎雲低滄海認微茫亦警句也芹城小志

桃林村在州城東三十里有法林寺元至正年建州志

芹城在州東三十里有橋橋下有水出芹城北南流入于沙河昌平山水記

濕餘水東南流左合芹城水水出北山南逕芹城又東

南流注濕餘水 水經注

萬年城在州西南東魏天平中置萬年縣屬平昌郡隋開皇初廢入昌平 方輿紀要

一畝泉在州西南十五里東會沙河經陽山由高梁直至張家灣以濟漕河 州志

紅橋在州治西南十五里 同上

燕鐵木兒與王禪軍遇于榆河北奮擊敗之追至紅橋北因據紅橋兩軍阻水而陣 元史本傳

至順二年四月詔建燕帖木兒生祠于紅橋南樹碑以記其勳五月次紅橋臨視燕鐵木兒生祠 元史文宗紀

州西南十二里有紅橋橋亡而名尚存元文宗爲燕帖木兒建祠立碑處也 昌平山水記

官河在州西南二十里源出一畝泉分爲二流一曰官河流入宛平縣入高梁河一曰雙塔河在州西南三十里經雙塔店入榆河 方輿紀要

雙塔河源出昌平縣孟村一畝泉經雙塔店而東至豐善村入榆河 元史河渠志

至元元年二月發北京都元帥阿海所領軍疏雙塔漕渠 元史世祖紀

至元三年四月巡河官言雙塔河時將泛溢不早爲備恐至潰決臨期卒難措手乃計會閘水口工物開申都水監差夫修治凡合閘水口五處 元史河渠志

皇后店在州西南三十里元至正二十四年孛羅帖木兒遣其黨禿堅帖木兒犯闕入居庸太子遣兵逆戰于

皇后店即此也方輿紀要

榆河源出州西南四十里月兒灣下流爲沙河經順義會白河州志

榆河一名濕餘河或名温榆河蓋濕餘之譌也方輿紀要

濕餘水出上谷居庸關東又東流逕軍都縣南水經

水南流出關謂之下口水流潛伏十許里重源潛發積而爲潭謂之濕餘潭水經注

按後漢書王霸爲上谷太守陳委輸可從温水漕以省陸轉輸之勞事皆施行章懷太子注引水經注本作温餘水遼史順州有温渝河金史懷柔縣爲温陽豈盡無據又昌平多温泉有流入雙塔河者温餘之名竊疑因此水經注既無善本今人習見坊刻遂指温字爲濕字之譌正恐類昔人所云以不悖爲悖也

州西八里爲昌平舊縣今居民不滿百家而唐狄梁公祠香火特盛歲四月朔賽會二三百里內人至者肩摩踵接考之唐書突厥陷趙定縱掠而歸公爲行軍副元帥獨以兵追之又爲河北安撫大使意其嘗至此也有碑一元大德四年集賢學士宋渤撰文昌平山水記

狄梁公祠建自唐元大德間重建正統間修之其碑云梁公爲昌平縣令有媼子死于虎媼訴公公爲文檄神翌日虎伏階下公拜告于衆殺之土人思公德立祠也

帝京景物畧

昌平縣北有狄梁公祠元大德中重建學士宋渤記之穹碑尚存廟中常有光怪每歲二月二日南山北山之人皆來作社前數日夜碑上即有火光遠而望之碑字皆見近視之即滅 馬氏日抄

宋渤重修狄梁公祠記昌平縣治在燕山南麓邑北門外舊有唐狄梁公祠不知始建何代大德三年縣尹遼陽王君敬率同事葺之凡再閱月祠之內外皆完好具其事來請予於圖史府曰祠成當識竊謂傳有之能捍大患能禦大菑者咸載祠典狄公於唐社稷如忠格悍后力爭廢主能以孤身當橫流中毅然不易一言極難事耳史稱寧州爲勒石頌德彭澤爲立生祠魏州復有生祠皆其所常臨治恩信及人既去而猶思之者也今昌平於傳未嘗作邑而祠之何與按萬歲通天中罷魏州時嘗轉幽州都督中宗反正自右肅政御史大夫改河北道行軍元帥其罷修城守具論發兵戍疏勒非是請曲赦河北脅從民人蓋獲免者數千萬計皆當時施行其有大恩德於燕趙豈直昌平哉吾嘗往來上谷漁陽古鎮戍中往往有公祠宇蓋敦實之精惠義之著其被覆冒之境咸而不忘相率祠之無疑也

狄公祠南道上立二石幢鐫梵語字法頗類李北海唐貞觀中物也過西廢寺有二幢元奘手書 帝京景物畧

舊縣大街東有佛頂尊勝陀羅尼幢一罽賓沙門佛陀

波利奉詔譯大街西有無礙大悲心陀羅尼幢一開元國師三藏沙門不空奉詔書州志

按不空開元時僧徐浩爲之書碑者也帝京景物畧因三藏字遂指爲貞觀中元奘書誤矣

黄溍昌平縣石橋記由都城北抵上京其驛十有二而昌平之爲縣當其第一驛谿水逕闤闠中横絶通衢霖潦驟至則水湍悍益甚人莫利涉縣尹畢侯以爲昌平今畿縣大駕時巡次舍在焉凡侍從之臣宿衛之士與夫外須教令内奉職貢使客傳遞之往來率由乎是爲長吏者曷敢弗謹迺規貨食募匠傭揆日之吉架石爲橋其修六十尺而其廣得修四之一

自始作至訖功爲日若干車者無濟盈徒者無厲深而民不知有役咸相與誦美之掌其驛事者宫君琪持父老之言來諗曰吾畢侯之爲人素愼重雖居劇縣善操簡以御煩見謂材敏然以廉平不苛民樂其業田里安於事用能以暇日致力於兹橋願有紀而附見其治行之槩勒諸岸左以貽永久古者列國有四鄙賓客之交入其境而門關逵路廬館川梁修除之不時猶或譏其失政矧今百里之郊警蹕所臨有能勤其官敬其事而不忘乎嚴飭具備如此可謂無失政矣豈徒一時興作之功有足稱道哉庸弗辭而爲之書善觀政者有考於斯則它治行固可推而知也畢侯名文質齊南士族其出宰也由翊正椽外補

云 黄文獻公集

虎眼泉在州西八里舊城下 方輿紀要

常景遣别將破杜雒周于州西虎眼泉 魏書

七度水在昌平界接虎眼泉 太平寰宇記

過沙河二十里至新井菴有松林陰一畝西數里柳林中有臺曰景梁臺土人立以思狄梁公也 帝京景物畧

臺初名慕狄正德間戶部分司林應驄所建也隆慶中改景梁 州志

昭聖寺在州西北唐乾符六年建明正統十三年奉勅重修寺有廣大圓滿大悲心陀羅尼幢一開元中三藏沙門不空奉詔譯劉節書 州志

舊縣西十里為龍虎臺地勢高平如臺廣二里袤三里

元時車駕巡幸上都往來皆駐蹕其上 昌平山水記

龍虎臺去京師百里在居庸關之南背山面水車駕歲幸上都往還駐蹕之地 誠意伯文集

至元十九年八月駐蹕龍虎臺 元史本紀

至元二十七年地震帝駐蹕龍虎臺召集賢翰林兩院官詢致災之由 元史列傳

李术魯翀除僉太禧宗禋院迎駕至龍虎臺帝問子翬來何緩太禧院使阿榮對曰翀體豐肥不任乘馬從水道來是以緩耳 元史本傳

文宗駐蹕龍虎臺馬祖常應制賦詩尤被嘆賞謂中原碩儒唯祖常云 元史本傳

擴廓帖木兒遣部將白鎖住以萬騎衛京師駐于龍虎

臺與孛羅帖木兒戰 元史本傳

贍思博極羣籍泰定三年詔以遺逸徵至上都見帝于龍虎臺眷遇優渥 元史本傳

元統初陳顥扈蹕行幸上都至龍虎臺帝命造膝前而握其手曰卿累朝老臣更事多矣凡議政事宜極言無隱顥頓首謝 元史本傳

永樂八年二月車駕次龍虎臺遣行在太常寺少卿朱焯祭居庸山川二十年九月車駕次龍虎臺饗隨駕將校二十一年十一月車駕次龍虎臺賜文武大臣及忠勇王金忠宴 成祖實錄

宣德五年十月車駕次龍虎臺召英國公張輔等至幄中問郊外民事賜酒饌 宣宗實錄

江孚龍虎臺賦吾聞幽都之山崔嵬崷崒崱屴紆鬱幾萬里兮挾居庸之南出壯乾坤之險阻兮開混沌之端倪淵龍盤而虎踞兮屹高臺之巙屔右太行之峩峩兮左江海之湯湯負天關之贔屓兮面紫極之淸光觀夫臺之爲狀也則博敞倜儻朝昏來往嶔岑嵾差日月蔽虧軼陰雨於太半俯星辰于下墀溘氛埃而軼浮景兮出凌兢而入太微吾亦不知其高廣之若是兮叅天地之所爲若乃崚嶒巀嶭撑鱗奮鬣周廻連蜷蜿蜿蜒蜒林蒸潤而雨降崖轉石而雷喧勢將騰海水而噴薄鼓顥氣而飛天吾是以知臺之所以名龍神變化而無前至若嶔岩谽谺有呀其牙孱顏岝崿而爪而攫春花明而文炳飛泉咆而慓魄

衆山奔騖於其下兮若百獸震掉披靡而前卻吾是以知臺之所以名虎雄萬古而旁礴爾其季春歷日法駕北巡五輅煇煌萬綺紛紜鸞旗鳳葢之棽麗金干玉戚之晶熒警蹕旣啟天顔甚邇散皇風以矚幽考聲教之所被吉行信宿於焉而止喜地勢之高平縱登望之葱蘢乾心降而徵怡都人仰而稱偉於是名臣良士朱虎夔龍迷清飈於有土虛元氣於太冲鼓舞六合奮躍羣雄出淵潛之滯跡起岩穴之幽蹤吾又知夫臺之所以名龍獨山川之勝又快夫風雲上下之相從也嗟夫威加四海知霸心之猶存直計百金貽儉德之爲至圖功業於丹青致獲良於千里是雖可以壓銅雀而下姑蘇又豈足以並茲臺之美乎歌曰瞻層臺聿穹隆兮肇基太始垂無窮兮爰考休徵熙淳風兮於貽靈臺臺與俱崇兮 文翰類選

劉基龍虎臺賦猗歟太行之山呀雲豁霧結元氣而左蟠於赫龍虎之臺摩乾軋坤魁羣山而獨尊其背崔嵬突嵂森岡巒而拱衞其勢則昆崙駊騀仰星辰之可捫白虎敦圉而踞跱蒼龍蜿蜒而屈盤狀昂首以奮角恍飈興而雲屯其北望則居庸巑岏煙光翠結攢峯列戟斷崖立鐵鵔鳥飛而不度古木樛以相掣其下視則漲海沖瀜飛波洗空風帆浪船往來莫窮想瀛洲之窅邈睇三山之可通彼呼雁戲馬適足彰其陋而眺蟾望屋昌足逞其雄豈若茲臺之不事乎版築而靡勞乎土功也想其嶔崟崎礒曼衍迤邐

形高勢平背山面水巨靈獻其幽秘歸邪護其光昇何嵩華之足吞豈岱宗之可擬此所以通于上都揭神京之外壘匪松喬之敢登羌乘輿之攸止也至若四黃既駕鹵簿既齊方玉車之萬乘蔚翠華之萋萋截雲罕與九游光彩絢乎虹霓山祗執警以廣道屏號灑雨以清埃朝發軔于清都夕駐蹕于斯臺明四目以遐覽沛仁澤于九垓耿軒轅之梁甫屑神禹之會稽雄千古之盛典又何數于方壺與蓬萊慨愚生之多幸際希世之聖明雖未獲覩斯臺之壯觀敢不慕乎頌聲遂作頌曰傑彼神臺在京之郊金城內阻靈關外包上倚天倪下鎮地軸太行爲臂滄海爲腹崇臺峩峩虎以踞之羣山巃嵸龍以翼之於鑠帝德與臺無窮於隆神臺與天斯同崇臺有偉鸞駕爰止天子萬年以介遐祉 誠意伯文集

馬祖常龍虎臺應制詩龍虎臺高秋氣多翠華來日似鑾坡天將山海爲城塹人倚雲霞作綺羅周穆故慚黃竹賦漢高空奏大風歌西京巡省非行幸要使蒼生樂至和 石田集

周伯琦龍虎臺詩巍巍百尺臺蕩蕩昌平原隆隆鎮天府奕奕環星垣居庸亘北紀輿圖欽全燕蒼龍左蟠拏白虎右踞蹲斯名豈易得天以遺吾元明明傳正統聖子及神孫巡歸遂駐蹕衣冠照乾坤山川皆改容草木亦被恩章華民力竭柏梁侈心存豈若因自然張設一旦昏雄偉國勢重簡儉邦本敦年年舉

成典宮中奏雲門 近光集

金幼孜隨駕宿龍虎臺作軍都邑廢已無城龍虎臺空尚有名山繞平原烟樹綠天連碧海暮潮平淸宵宿衛聞笳響拂曙趨朝聽鼓聲傳道乘輿催早發中軍先已抗前旌 金文靖公集

紅澗溝在龍虎臺西一十二里 州志

積粟山在州西北十五里相傳元時積粟于此 同上

駐蹕山在州西二十五里其山長而北袤凡二十里石皆壁立高可十丈其頂皆白山之南有棲雲嘯臺高二丈許正北有石梯可上金章宗建亭於此舊傳山下有石床石釜今亡 昌平山水記

山巖下有仙人棊碁枰碁子皆具子但可移不可得而取 州志

上方寺在駐蹕山上有十八盤寺南爲仙人陀 同上

仙人池在駐蹕山下傳有仙人浴此 同上

玉斗潭距百望山十二里腐草罨之深不可測傳有兩牛鬬陷于潭無迹又北十里爲灌石駐蹕山在焉西望白虎跕深若天井山上有臺名棲雲金章宗嘗游此擊毬山下石床石釜俱存 薊丘集

神嶺峯在灌石村西北金章宗游此以所飲酪漿灑于石壁之上至今猶白西南有寒崖多奇花異草 州志

唐太尉朱懷珪墓在州城西北十五里積粟山下碑文爲元載撰李融書 同上

吳師道覽朱懷珪碑詩昌平官道傍卧碑何壯偉有

唐營府督懷珪姓朱氏盧龍昔强藩巨孽所根柢爾
嗣泚與滔逆氣粤有始昽昽元相國肆筆方述紀德
知兩月後口禨不貸爾千載托斯人遺臭同一軌荒
墳莽無迹石獸相撑倚雙螭已捽地文字未殘毀徒
令行路者啨啨嗟僭侈聖賢樹功德金石無溢美未
世乃濟姦事定有公是奈何極穹崇來者紛未已留
此懲不忠并以愧諂子 吳禮部集

中山口北一里有仙人洞洞在山麓可容二百人洞口向東從石梯而下石皆倒垂下爲平地洞西壁有一門近門上有石鐘下懸長數尺門之內少入轉而南見有石鏬如夾道深黑人不敢入 昌平山水記

仙人洞在紅門內東山腰去碑樓三里躡磴而上洞口僅容一人僂而入內若大廈日色下燭石皆倒垂 燕都游覽志

無名氏詩石洞窅且深花落無人掃仙翁去不還何處尋瑤草 昌平舊志

駐蹕山之西曰虎谷其傍土岡一丘名小金山日亭午人過岡下有光射衣若金色然 長安客話

西山口西四里有虎谷山又三里有大虎谷山 昌平山水記

無名氏虎谷詩虎谷名金山客行初未識日午山下過人衣黃金色 昌平舊志

虎眼川在虎谷山下幢幢水所出也 州志

水流如瀑布三四里至鶺鴒巖隱而不見或謂舊縣西

北虎眼泉是其水復出也 燕都游覽志

吳師道虎峪淙淙泉作居庸古塞口諸峯並嵯峨左轉萬栗林黃葉墮殘柯路出草棘間石溝泫微波黃塵欻騰起知有飲馬駝前趨俯絶磴素礫漫坡陀窮秋水脈絶泓渟不盈科無復聲淙淙虛名誤來過下馬少徘徊土屋依巖阿野老向我言深入水木多前年邑中人來此逃干戈委蛇數十里臨險無誰何桃源志樂土商山有遺歌誰知戰爭塲咫尺隔網羅欲游苦匆匆斜陽下前坡 吳禮部集

按吳禮部正傳所詠淙淙泉當即今之幢幢水也

溝溝厓深山疊嶂秀石緣空三十餘里悉履石攀葛始

達山巔清流繚繞奇樹揚芬傍有蘭石數區 薊丘集

昭陵之北曰峋峋崖下有菴曰瑞峯一曰摩尼 帝京景物畧

峋峋崖在州治西北德勝口內崖西峯有水月亭 州志

德勝口西三里有溝溝巖巖分上中下望之若石梯深險可避兵 昌平山水記

德勝口南兩山相夾人行礓礫中數十步輒一折數里外見崖旁鴨脚樹二羅漢松一近而知爲瑞峯菴也又里許陟一嶺徑仄多亂石前人舉踵石衮衮觸後人足嶺之巔爲崖折旋半里有岫峰菴俗云盤道菴中有泉鴨脚一本可休息復三折而下溝始寛分爲二泉涓涓流甚清駛山麓遮其左若無路然再折過一溝始望見

三峰矣中峰位乎乾東峰位乎艮西峰位乎坤三峰左右環拱爲峰者二十有二所謂仙人玉女將軍步虛玻璃五雲金華紫極皆以意名者也又從磴道上十餘折至東峰菴再折而上爲中峰有玉虛觀從中峰下有西王母祠祠後石壁高三十仞石理獰惡壁右有方池流入巖下爲瀑自中峰緣崖而西爲西峰菴菴右有泉僧引之入香積泉右有方亭敞潔可坐瑞峰菴有大學士趙志臯碑記岫峰菴有右通政李琦碑中峰菴有禮部郎中馮元颶碑西峰菴有大學士王錫爵禮部左侍郎翁正春二碑碑文皆稱溝溝崖爾雅水注谷爲溝以之稱名夫豈不古而帝京景物畧妄以岣嶁易之何哉 肅松錄

溝溝崖勝國梵宇縣亘凡七十有二入明僅存其五西峯者五菴之一也 翁文簡公集

公衆溝溝崖詩橋山西北寺一谷隱千峯曲折雲屏掩高低棧閣重傳觴猿飲澗倚蓋鶴巢松小憩聽泉久東巖已暮鐘 問次齋稿

九龍池方廣十丈重垣護之覆以黃甃石琢九龍張頜歕沫入池泠然有聲夾池植桃柳稍東爲月闕洩水水流出闕爲小渠過石梁入山下田 篁墩集

九龍池在昭陵西南於山崖下鑿石爲龍頭泉出其吻瀦而爲池上有粹澤亭中一間旁各三間門三道東向繚以周垣爲車駕謁陵事畢臨幸之所嘉靖十五年世宗勑建也 昌平山水記

九龍池在紅門西翠屏山下逼近昭陵泉出九穴穴鑿石爲龍吻瀦水爲池 燕都游覽志

康陵神宫監太監劉杲嘉靖元年六月奏請天壽山空地并九龍池菜園栽種蔬果以備四時供獻命戶部給之 世宗實錄

趙釴游九龍池詩 乘春趨帝寢轉壑向龍池塢曲鶯啼緩松深馬度遲紅泉流玉液丹砌擁金枝日暮煙雲合嵐光逐望移 無聞堂稿

王廷幹九龍池詩 龍門開碧苑池色映丹丘芳樹緣堦轉清泉入戶流園平花氣合谷靜鳥聲幽即此消千慮何須覽十洲 巖潭集

老君堂東北有長春亭三間東西廂各三間以備游憩 昌平山水記

花塔村在州城西北三十里有和平寺唐建 州志

北山上平衍西五里有嶺曰長城微有古堞剝蝕傳是秦皇之址有泉出焉曰馬跑又西二里有了思臺下臺而西又十里皆峻嶺也灰嶺險倍于長城石如蛤粉下山有城是鎮邊之廢邑又西八里有城是曰鎮邊兩旁皆山圍之南曰碧駕曰通明北曰鷹揚曰涔落碧駕之巖有小湖中有赤鯉盈尺是曰合抱之河鎮邊西十里有堠曰唐耳背據大山斜界居庸鎮邊廢邑其南皆山中爲衢路東曰六華之巖西曰小神之山曰青利之山巖分形如六華其第四巖有洞深窈是爲鳴皐洞南十里有聚曰長峪又西五里有巖曰德勝又曰鳳凰上有

蘭若山下出泉流二十里達于渾河山上有隱鷲臺山西有觀音洞又曰孤松巖山南嶺曰西峪其下有碑不可辨識自長峪而東二十里有聚曰菩提塹有寺曰白瀑寺出山而北曰白鶴峯又折而東則走高崖山僧言二月之交有山曰青華下可萬仞每有塊形奇物且飛且走銜乳而西獵人莫敢近也 薊丘集

白瀑寺在居庸關西百里寺中畫壁碑志皆金大定年物 東田漫稿

馬中錫白瀑寺詩白雲深處萬重山寺在雲山杳靄間四壁丹青圖海會斷碑文字記完顔唄餘盤石僧初定齋罷生臺鳥未還世上紅塵應不到正宜長日掩柴關 同上

神嶺山在州東北三十二里山高百餘丈下有龍潭流入白浮堰所謂神山泉也 方輿紀要

神嶺一名三思嶺以其高峻故名 燕都游覽記

銀山在州東北六十里緣石梯而上五六里名中峯唐僧鄧隱峯之所居也下有法華寺有隱峯十詩曰白銀峯曰佛頂峯曰古佛巖曰說法臺曰佛覺塔曰懿行塔曰雪堂曰靈堂曰茶亭曰濛泉金大定六年立石 昌平山水記

隱峯閩邵武軍鄧氏子侍馬祖得悟冬居衡嶽夏止清凉元和中登五臺路出淮西屬官軍與賊交鋒師乃擲錫空中飛身而過兩軍爲之息鬭遂入五臺金剛窟而化 傳燈錄

銀山峯巒高峻氷雪層積色白如銀麓有石崖皆成黑色謂之銀山鐵壁 方輿紀要

銀山度嶺數折峯漸分爲三左一峯石卓立如錐峯下有塔凌空爲法華寺寺建于金天會三年曰大延聖寺正統間太監吳亮修寺從古佛巖乃後人新鑿再上爲鄧隱峯說法臺復躡危磴五六里爲中峯頂峯石銳上如斧刄懸索升之凡兩轉至頂一石臺方丈許翼以扶欄中一石龕供石佛左懸一鐘叩者擊焉寺塔七高各數丈 燕山紀游

銀山頂由闖王鼻行山脊如刀背僅容納足長十餘步兩旁如削下臨萬仞不可凝視 中溪集

中峯下有寺曰大延聖寺正統十二年重修賜額曰法

華二碑皆太監吳亮撰并書又弘治十年翰林學士汪諧淨業堂記碑今斷寺西上半里爲松棚菴門內外各一松北上一里鐵壁寺塔曰延聖塔弘治四年建塔前有釋行倫詩碑弘治八年立山北四十里爲并兒谷又一里玉峯山山石盡白樹多蘋婆果林中有大萬聖寺上人呼張開寺像設皆石入山者取道二一從白泛嶺入路險難一從三思嶺牛蹄嶺入差平 帝京景物畧

無名氏詩銀山本在北萬丈青雲梯曉見居庸雪銀山忽在西 昌平舊志

李夢陽題銀山寺作銀山倚鐵壁天外削三峯下見林中寺來聞午夜鐘僧徒住石屋雷雨拔門松西望諸陵接雲成五色龍 空同集

昌平人卜地塋母開壙見有紫漆棺而丹漆書其前蓋婦人之墓而其夫所爲文文曰里人盧孝妻祝氏月英父某母某孝始聘其姊爲權力奪去父母以英續盟英貌莊性慧事舅極禮敬女紅經史音樂皆通曉日不廢書夜必刺績夫婦未嘗離舍勢力者復欲奪英英憤恚死歸孝三年年二十一歲散衣十九件皆英手刺花鳥幷其平生玩好悉以歸冥至正二年月日夫盧孝撰 耳談

蔡松年入關宿昌平作黃塵却送入關山自斷何如二頃田記得鳴蛩碧花何蹉跎秋思又三年 中州集

馬中錫昌平道中作欵段遥遥去路長東風吹雨濕衣裳諸陵漸近山光紫三月纔臨柳色黃春事每先官事了老年翻比少年狂道旁翁仲如相識笑我來多兩鬢蒼 東田漫稿

張海百五日宿昌平舘中作揺落掩星舘蕭條並鵠冠鶯花春欲判風雨食猶寒鄉國松楸暗邊城鼓角殘兩年游子淚雙袖未能乾 函山集

毛伯温昌平篇日出見山色日沒行山邊層巒飛白雲羣巘逈青天崔嵬大行勢來脉崑崙巓迢迢歷秦晉東走何蜿蜒至此突南向合沓如環連王氣紛糾錯大野當其前豈徒壯陵寢亦以開幽燕宸居槩天表四極羅星躔煌煌太宗業聿與聖祖肩所貴愼明德在險戒忘愆皇圖永有固所命陳洛篇 東塘集

周詩宿昌平作晨發都城門暮宿昌平境地折雙溪

流天開萬重嶺月樹露微明楓林噎初暝謬此陪秋

嘗齋心動遐省 與鹿集

魏允貞昌平道中作又是清明節邊城柳未黃逢春

嘗作客無地不思鄉風起征衣短月明吹笛長誰將

關塞曲弔爲達君王 息泉摘稿

區大相昌平道中作山家未夕昏半已掩柴門車馬

爭途疾牛羊下坂喧春陰入陵樹雨色過湖村誰道

相如病猶堪守漢園 海月先生集

侯恪昌平道中作再入昌平道淒涼事不同兵戈纏

殺氣鼓角動秋風野色千林白嵐光片日紅長陵蒼

莽外極目送飛鴻 侯司成集

日下舊聞卷三十三終

日下舊聞卷三十三補遺

京畿九

唐劉蕡昌平人歷遼金無能發潛德天曆間昌平驛官宮祺始奏建劉諫議書院 金臺集

葛邏祿迺賢劉蕡祠詩入郭日已暝慘憺風葉赤鞠躬荒祠下低徊想遺直劉君素忠憤伏闕論邦國痛陳腹心禍竟罹考功斥餘子盡奮騰鬱鬱負慚色鄉人仰高義千載崇廟食悲歌風蕭蕭感慨情惻惻出門無行人京月照東壁 同上

帝幸上都忠惠王從至龍虎臺拜辭帝賜衣慰諭 高麗史世家

葛邏祿迺賢龍虎臺詩晨登龍虎臺停驂望居庸絕壑閟雲氣長林振悲風翠華有時幸北狩甘泉宮千官候鳴蹕萬騎如飛龍帳殿駐山麓羽葆羅雲中我行避馳道弗得窮幽蹤衣裘倏凉冷積霧浮空濛前山風雨來驅鞭役匆匆 金臺集

正統己巳秋七月王振挾天子率師親征至龍虎臺安營方一鼓衆皆虛驚知爲不祥也 古穰雜錄

翠平口在昌平北二里舊名得勝口金大定二十五年五月改名 元混一方輿勝覽

從紅門望長陵而西入峽中爲得勝口關城雉堞樓櫓俱壯渡溪上嶺十二盤爲中菴再十二盤爲玉皇殿一崖獨出殿踞其上廊檻環之 浮山集

謁陵各官類晚入昌平憇宿五更祭陵公署弗能盡容

各以類假宿如兵部官則宿于衛所戶部宿于倉司給事中宿于劉蕡祠黌校則翰林寓宿之地與察院相鄰察院諸御史宿處也楊學士守阯暮抵昌平遂誤入察院因賦詩曰雙眼風沙百里程敝衣瘦馬到昌平欲尋類水先生館誤入分司御史廳導引輿臺顏盡赤將迎豸繡眼偏青只愁太史明朝奏昨夜文星犯法星 無用閒談

湯泉知名者七 匡盧汝水尉氏驪山鳳翔之駱谷和州之惠濟渝州之陳氏山居也燕之昌平李陵臺亦有溫泉 研北雜志

袁桷龍虎臺詩羣山郭宸居層臺納靈秀百泉暗東西千嶂明左右先皇雄略深省方歲巡狩翠華懸中天問俗首耕耨沉沉貔貅壘濯濯鷹犬藪前行節駝鼓執御各在手侍臣仰天威長跪四方奏往聞父老言羅拜上萬壽山桃與黍酒飲齒時一嗅乘雲去無踪過者必稽首登坡望儲胥紫氣徹牛斗 清容居士集

張翥送駕至大口作萬乘巡行遠三靈佑護多旌旆隨大纛鼓鐸雜鳴駝初日浮黃繖微風送玉珂臣心如草色不斷到灤河 蛻菴集

九龍池上有粹澤亭池兩榜世宗皇帝御書也 養微子集

陸深弔劉生賦洵劉生之瓌瑋兮已亮夫言出而禍隨誕樹虛而賈寶兮紛振古之共悲測彼著之倚伏

兮嗟生獨羅乎此時也當明庭而鋪辭兮旣巳謝乎無媒也苟忠信之自卬兮又奚必開金石而稱奇願韜卷以有俟兮恐歲暮之難期凌氷雪以北度兮敬弔生之芳祠空蘋藻於寒沍兮悵瞻遡之何遲吁會合其猶然兮羌昧巳而前之塞河決于微穴兮當狂瀾之旣積貔虎逸而負嵎兮欲徒手而徑批臨深淵而莫戒兮聳旁觀之屢疑佩宣王之明訓兮亦有道而言危曰余旣知夫隱衷兮冀身郤而道乖謂將來之可恃兮竟陳言之誰施睿歷生之故墟兮睇西山之崔巍尋采薇之舊蹤兮路逶迤而多岐風號寒而木怒兮恍有遇于斯須情抑鬱而欲語兮魂靡靡以難持儻決機于轉圜兮曰獨生之所私 儼山集

陸深發昌平詩山城麗淑景沙堤度輕輿身從雲中歸疑有雲生裾離離列巘崿藹藹越里墟時有桃李花無言臨澗隅 同上

弘治十年以昌平湯山莊地二百頃賜大慈延福宮敕建道觀一所額曰崇虛 黃圖雜志

聖恩寺在昌平州崔村明正統四年建寺碑翰林院編修劉昇撰中書舍人趙昂書景泰三年立石 木葉山花記

劉昇聖恩寺碑畧聖恩禪寺在昌平崔村北寶峯下其地四山環寺東至大獨山南至南阿坡西至釣魚坡北至將軍陀長陵神宮監太監郁林年九十有四卒監丞阮包等以其遺錢營建經始于正統二年十

月明年十一月落成都知監太監楊瑛題請寺名勅
賜額曰聖恩禪寺
銀山之上有寺曰洤華太監吳亮所建也山下有寺曰
崇壽亦亮所建寺有碑成化十二年九月立翰林國史
院編修仁和汪諧撰文鴻臚寺序班上虞何洪書木葉山花記

汪諧崇壽寺碑銀山之下興壽村有寺曰九聖建自
遼壽昌間滿公禪師所剏也宣德辛亥春司設監太
監吳亮先建巨刹于山上正統戊辰英廟駕幸北山
賜額曰洤華禪寺既而吳公往來憩息于九聖詢知
爲遼金古刹憫其傾圮復捐貲庀材創大雄殿于寺
之中設三世佛像于殿後建伽藍祖師堂於殿之旁

立天王殿于殿前監鐘鼓樓于山門內之左右廊廡
庖湢莫不備具經始于天順丁丑春落成于己卯秋
聞于朝賜額曰崇壽禪寺

龍泉寺在昌平州芹城村龍潭之上本天祐舊刹駙馬
都尉井源修之成化三年十月釋道深撰碑行湛立石
黃圖雜志

釋道深勅賜龍泉寺記神山在昌平縣東三十餘里
芹城村村有龍潭約九畝有古龍泉寺天祐元年造
舍利寶塔又有海雲國師及大慶壽尊宿塔又有望
景軒宣德間嘉興大長公主偕駙馬都尉井公源舍
金帛中使鄧智督建

昌平之東地名馬坊釋如進立彌陀寺德園集

日下舊聞卷三十四

京畿十　昌平州下

燕山自西山迤邐東來至玉田縣西北延袤數百里直抵海岸　紀纂淵海

燕山去神京百里而近國朝諸陵寢在焉更名天壽　翁文簡公集

永樂七年五月營壽陵于北京昌平縣東黃土山封曰天壽山命武義伯王通督工　大政記

居庸東折玉帶神嶺諸山若抱若拱八陵在焉　治平畧

文皇帝初卜陵衆議欲用檀柘寺基上獨銳意用黃土山即天壽山也　宙載

寧陽人王賢少遇異人相之當官三品乃授以青囊書

遂精其術永樂七年成祖卜壽陵有司以賢應命於昌平東北十八里選得吉壤舊名東榨子山陵成封曰天壽賢從累官至順天府尹　水東日記

永樂七年仁孝皇后尚未葬成祖擇壽陵久未得吉壤禮部尚書趙狃以江西術士廖均卿至昌平縣遍閱諸山得縣東黃土山成祖即日臨視封天壽山命武義伯王通董役授均卿官　獻徵錄

天壽山陵擇地或云江西廖均卿或云山東王賢賢字惟善中永樂辛卯鄉試以鄢陵訓導擢戶科給事中陞光祿寺少卿尋遷順天府尹實錄暨兖州府志皆未言其精青烏之術所聞異辭難以懸定也　兩京求舊錄

陵故爲康家莊長陵之東百餘步有土一丘康老葬焉

康老者明初以前人也文皇帝卜斯地作山陵曰安死者人之同情也命勿去昌平山水記

自州西門而北六里至陵下有白石坊一座五架又北有石橋三空又二里至大紅門門三道東西二角門門外東西各有碑刻曰官員人等至此下馬入門一里有碑亭重簷四出陛中有穹碑高三丈餘龍頭龜趺題曰大明長陵神功聖德碑仁宗皇帝御製文也亭外四隅有石柱四俱刻交龍環之其東有行宮又前可二里爲欞星門門三道俗名龍鳳門門之前有石人十二四勳臣四文臣四武臣石獸二十四四馬四麒麟四象四橐駝四獬豸四獅子各二立二蹲近者立遠者蹲石柱二刻雲氣並夾侍神路之旁迤邐而南以接乎碑亭碑文

後書洪熙元年四月十七日孝子嗣皇帝某謹述蓋文成而碑未立宣德十年四月辛酉修長陵獻陵始置石人石馬等于御道東西十月己酉建長陵神功聖德碑是時仁孝皇后之葬二十有三年太宗文皇帝之葬亦十有一年矣然而始立者重民力也欞星門北一里半爲山坡坡西少南有舊行宮土垣一周坡北一里有石橋五空又北二百步有大石橋七空大石橋東北一里許有新行宮宮有感恩殿宮東南有工部廠及內監公署大石橋正北二里有石橋五空又二里至長陵殿門神道自嘉靖十五年世宗謁陵始命以石甃自大紅門以內蒼松翠柏無慮數十萬株今盡矣同上

出昌平州東門數里入伽藍口又三里爲永陵園圃後

曰蔣山山腹有神仙洞洞不甚深鐫字于旁曰蜿蜒龍脊山呑月磊砢雲根洞有天上懸一石如覆鐘狀山上有三清殿復行二里度一溪溪西有七鳳橋長陵神道東流之水經焉旁有井故地名玉井灣北有工部廠與龍王廟並廟碑三弘治嘉靖萬曆中太監王定張保山潘朝用所立廠碑二其一思陵命太監魏國徵掌昌宣軍務勅諭其一翰林韓四維所爲記也定與保山朝用皆爲工部廠員命掌鎮兵則自國徵始繼之者王希忠申之秀也希忠後死亂軍中之秀見賊陷京城削髮去爲僧有司香太監貫宗云然又行里許爲德陵神宮監又半里許名東井相傳成祖八妃葬此少北渡一小石橋爲德陵陵西向面大溪過大石橋而西至永陵再西

而北至景陵由長陵西下坡渡石橋爲獻陵又度小石橋爲慶陵再度石橋二爲裕陵松左右成列再西見碑樓出松林中度一大石橋抵碑樓下則茂陵也松列樓外者存二十二株列樓以內至祾恩門者三十六株自祾恩門入難以數計矣由茂陵神馬廠神宮監而西三四里度一大石橋至泰陵渡溪而南至康陵折而北爲錐石口自溪而東有斷橋循麓右轉復渡溪水上一岡至定陵少南爲西井再南爲萬妃墳又南則昭陵東至思陵　肅松錄

天壽山陵前有鳳凰山後有黃花鎮左有蟒山右有虎峪東西山口兩水會流于朝宗河文皇帝塋所曰康家莊是爲長陵次皇山距長陵一里有半是爲獻陵次黑

山距獻陵三里是爲景陵次石門山距景陵六里是爲裕陵次寶山距裕陵二里是爲茂陵次史家山距茂陵二里是爲泰陵次金嶺山距泰陵三里是爲康陵次陽翠嶺距康陵十六里是爲永陵次大峪山距永陵九里是爲昭陵次亦名大峪山距昭陵一里是爲定陵次皇山二嶺距定陵五里是爲慶陵 燕都游覽志

德陵葬雙鎖山潭子峪在永陵東北思陵葬錦屏山小紅門內 肅松錄

皇陵入路第一層龍沙帶崖第二層白玉石坊在紅門之南嘉靖十九年建坊北石橋橋南二喬松北瞰流泉松栢左右列各六行第三層自坊內行松陰中三里許至紅門下馬步入門內左爲拂塵殿圍墻正殿二層羣

室六十餘楹皇帝謁陵至此更衣左右槐樹正寢二殿羣圍房各五百餘間第四層至龍鳳門黃綠琉璃甃治門內外白玉石華表柱各二雕蟠龍色如乾黃玉門內外石橋七座白玉石爲闌第五層至碑樓洪熙元年建碑高十許丈無字第六層至櫺星門門左右列雕龍白玉石柱石人石馬麒麟象虎駱駝犀牛獅子 燕都游覽志

明初有玉鴿十二從南方來飛集燕山識者謂北平當王益兆燕山十二陵也 菊隱紀聞

天壽山名始于成祖蓋嘗駐蹕于此飲酒是日適萬壽之期羣臣上壽故名天壽今之傳譌者謂爲御體所藏名天壽者非也 世廟識餘錄

入紅門有殿曰時陟車駕更衣之所也神路中石獅子犀象駱駝麒麟馬各四石人十二擎天柱四望柱二碑亭一而九陵分道焉長陵當中正南鄉其左爲永陵景陵右爲茂陵裕陵獻陵昭陵惟康泰二陵稍遠可三十里小草齋集

宣德十年四月修葺長陵獻陵始置石人石馬于御道東西實錄

景泰元年正月命於天壽山之南築城周圍十二里以居長陵獻陵景陵三衛官軍二年十月徙昌平縣治并儒學倉庫於新築土城之內實錄

景泰七年七月太常寺言天壽山祖宗三陵所在今又益以壽陵猶未列諸祀典請於每歲春祈秋報附祭天壽山神主于北嶽之壇牲牢不加而事體實宜從之同上

嘉靖庚戌寇長驅至天壽山總兵趙國忠列陣紅門前寇不敢入而去世廟識餘錄

長陵在龍鳳門正北十二里居中其地名山場乃康家莊也陵之左有元時康家墳存之春秋賜二祭陵規制大於諸陵祾恩殿石欄三重惟此與定陵爲然其餘僅一重耳登寶城獨從中道一門入與他陵左右掖門入者異碑濶四尺五寸厚二尺五寸他陵亦不及也燕都游覽志

長陵在天壽山中峯之下門三道東西二角門門內東神廚五間西神庫五間廚前有碑亭一座南向內有碑

龍頭龜趺無字重門三道榜曰祾恩門東西二小角門門內有神帛爐東西各一其上爲享殿榜曰祾恩殿九間重簷中四柱飾以金蓮餘髹漆階三道中一道爲神路中平外墄其平刻爲龍形東西二道皆墄有白石欄三層東西皆有級執事所上也兩廡各十五間殿後爲門三道又進爲白石坊一座又進爲石臺其上爐一花瓶燭臺各二皆白石又前爲寶城城下有甬道內爲黃琉璃屏一座旁有級分東西上折而南是爲明樓重簷四出陛前俯享殿後接寶城上有榜曰長陵中有大碑一上書曰大明用篆下書曰成祖文皇帝之陵用楷字大徑尺以金填之碑用朱漆欄畫雲氣碑頭交龍方趺寶城周圍二里城之內下有水溝自殿門左右繚以周垣屬之寶城舊有樹 昌平山水記

長陵門右別有具服殿五間東向有周垣垣南有白石槽五方而長名曰雀池貯水以飲雀 同上

長陵葬成祖體天弘道高明廣運聖武神功純仁至孝文皇帝仁孝慈懿誠明莊獻配天齊聖文皇后徐氏外一十六妃謚葬不可考 嘉靖祀典

仁孝徐皇后中山王達長女后觀女憲女誡諸家約其要義作內訓二十篇復采儒道釋嘉言善行類編勸善書示皇太子諸王永樂五年七月崩 名山藏

宣德五年三月上駐蹕陵下謂侍臣曰皇祖嘗言古帝王陵寢有崇奢麗及藏寶玉者皆無遠慮吾子孫宜戒之不可蹈也今所建陵寢皆皇祖當時規畫不敢有所

增益 宣宗實錄

宣德十年十月己酉建長陵神功聖德碑 實錄

長陵碑正統初南城程南雲奉命書 同上

嘉靖十七年上閱長陵碑欲更成祖謚號命鋟木加碑上郭勛上疏以爲宜盡磨舊字更書之可以垂永久上不悅曰朕不忍琢傷舊號下禮部翰林院議部覆請遵上諭如式刊製擇吉奉安詔可 國朝典彙

萬曆三十二年雷震長陵碑上命重建於是大學士沈一貫上疏言世祖欲改刻成祖陵碑而未遑今雷神奮威乃天意示更新之象欲皇上纘成祖德乘此更立新碑此莫大之慶也上優旨允行噫上蒼示警于祖陵正宜君臣修省乃反以爲瑞應形之章奏比王安石天變不足畏罪浮十倍矣 野獲編

楊士奇陪祀長陵作萬里蒼梧去不還宮車千古閟橋山日華開映芙蓉殿雲氣深連虎豹關扶病此時瞻玉几傷心何處望龍顏遺臣泣盡餘年淚天上烏號不可攀 東里集

李夢陽謁陵詩本朝陵墓傍居庸聞說先皇駐六龍一自玉輿回朔漠遂令金殿鎖秋峯明禋衮職雖多預備物祠官豈盡供報祀獨知今上切每於霜露見愁容 空同集

劉士驥長陵陪祀詩赤縣歸眞主青山鎖故宮玉魚沉永掖石馬立西風霜露秋容肅椒蘭祀典崇明禋鑾馭在濟濟駿奔同 蟋蟀軒草

鄭善夫至日陪祀長陵作長陵西接黃花鎮白雪蒼巖夜色遥陰殿衮龍猶在目徃時松栢巳干霄總聞一怒風塵起想見千官遷次朝悵極兩京興廢事小山何意起漁樵 少谷集

區大相供事長陵詩文皇鼎成後此地葬衣冠日月神宮閟山河帝寢安塞雲疑扈蹕關樹想回鑾寂寞犁庭事深知創業難弓劍思軒后山川會禹陵翠旗何日返龍馭幾時升寢殿行春草幽宮寂夜燈萬年關路北神武至今稱 海目先生集

又雨中祀長陵東同事諸子作月雨祠官肅山園禁漏稀雲輕沉繐帳風細颯靈衣淅瀝松皆靜深沉燎火微羣公攀望處入夜有龍歸 同上

李應徵謁長陵詩曆數歸真主風雲護泰壇入關承漢祚定鼎協殷盤帝業仍宗子皇都實壯觀荆蠻方遜國代邸即長安禮樂臨軒策旌旗出塞看天聲曾勒石地界幾鳴鑾老上庭還徙温禺血未乾關山殘月暗榆木隕星寒薄葬遵文德豐碑象武桓烏號陵邑守龍氣鼎湖蟠馳道通原廟周廬列從官乾坤留劍舄伏臘拜衣冠宮殿秋陰肅松杉曉露團萬年圭閟歩此日守成難南牧頻飛檄西戎未解鞍虛聞勞七萃猶自抗三韓聖軌誠難繼神功故不刊威靈長在目流恨翠微端 藿園遺藁

范景文詩松風一道瀉哀湍碧瓦鱗鱗白石闌一自路荒清蹕後廿年閒殺老中官 水餐堂草

仁宗昭皇帝陵曰獻陵在長陵之右燕都游覽志

獻陵在天壽山西峯之下距長陵西少北一里自北五空橋北三十餘步分西爲獻陵神路至殿門可半里有碑亭一座重簷四出陛内有碑龍頭龜趺無字亭南有小橋門三道榜曰祾恩門無角門殿五間單簷柱皆朱漆直椽階三道其平刻爲雲花不欄一層東西有級兩廡各五間餘如長陵殿有後門爲短簷屬之垣垣有門垣後有土山曰玉案山故闢神路于殿西玉案山之右有小橋前數步又一小橋跨溝水溝水自陵東來過橋下會于北五空橋山後橋三道皆一空又進爲門三道並如長陵而高廣殺之甬道平寶城小冢半塡榜曰獻陵碑曰大明仁宗昭皇帝之陵餘並如長陵山之前門及殿山之後門及寶城各爲一周垣舊有樹日下山水

記

獻陵葬仁宗敬天體道純誠至德弘文欽武章聖達孝昭皇帝誠孝恭肅明德弘仁順天啟聖昭皇后張氏其恭靖賢妃恭懿惠妃貞靜敬妃俱葬金山外一妃謚葬不可考嘉靖祀典

七妃三葬金山餘皆從葬國朝典彙

誠孝張皇后永城人彭城伯張麒女正統七年崩名山藏

十二陵制獻陵最樸景陵次之洪熙元年五月上疾大漸遺詔有曰朕臨御日淺恩澤未浹于民不忍重勞山陵制度務從儉約是日上崩皇太子即皇帝位及營仁

宗皇帝山陵上諭尚書蹇義夏原吉等曰國家以四海之富葬其親豈惜勞費然古之帝王皆從儉制孝子思保其親之體魄于久遠者亦不欲厚葬秦漢之事足爲明鑒况皇考遺詔天下所共知今建山陵宜遵先志義等對曰聖見高遠發于孝思誠萬世之利于是命成山侯王通工部尚書黄福總其事其制度皆上所規畫也昌平山水記

楊士奇謁陵詩去年侍從謁長陵此日重來慟倍增春柳春花渾似昔獻陵陵樹復層層君恩追憶不勝哀老淚乾枯病骨摧陵下一來腸一斷餘生知復幾廻來東里集

宣宗章皇帝陵曰景陵在長陵之左燕都游覽志

景陵在天壽山東峯之下距長陵東少北一里半自北五空橋南數步分東爲景陵神路至殿門三里碑亭門廡如獻陵殿五間重簷階三道其平刻爲龍形殿有後門不屬垣殿後門三道並如獻陵甬道平寶城長而狹榜曰景陵碑曰大明宣宗章皇帝之陵周垣如長陵寶城前存樹十五株冢上一株昌平山水記

景陵葬宣宗憲天崇道英明神聖欽文昭武寬仁純孝章皇帝孝恭懿憲慈仁莊烈齊天配聖章皇后孫氏而以恭讓誠順康穆静慈皇后胡氏葬金山榮思賢妃亦葬金山外六妃謚葬不可考嘉靖祀典

八妃一葬金山餘皆從葬國朝典彙

孝恭孫皇后鄒平人父忠永城主簿天順六年崩名山

[illegible]

恭讓胡皇后濟寧人父榮錦衣百戸正統八年祖 同上

嘉靖十五年四月上親詣景陵語郭勛等曰景陵規制獨小又多損壞其於宣宗皇帝功德之大殊爲勿稱當重建享殿增崇基搆 世宗實錄

天壽七陵惟景陵規制獨小嘉靖十五年稍廓大之今訂

許國謁景陵詩宣宗黃屋閟青山十載雍熙想像間睿藻向來金匱祕宸游長罷玉泉閒蒼林迴合春流斷紫霧寘濛晝殿關始信霸陵留儉德試看階玉點苔斑 許文穆公集

郭正域遣祀景陵詩宣皇陵廟天山裏王氣青葱鎖帝梧只見丹臺餘寶鼎不聞銀海漾金鳧千官露爲朝珠隴五夜雲車降紫都記得當年廵幸日道傍駐輦問農夫 黃離草

按實錄宣德十年三月庚子贈何氏爲貴妃謚端靜趙氏爲賢妃謚純靜吳氏爲惠妃謚貞順焦氏爲淑妃謚莊靜曹氏爲敬妃謚莊順徐氏爲順妃謚貞惠袁氏爲麗妃謚恭定諸氏爲恭妃謚貞靖李氏爲克妃謚恭順何氏爲成妃謚肅僖謚冊有曰茲委身而蹈義隨龍馭以上賓宜薦徽稱用彰節行是從葬者蓋有十妃祀典典彙皆誤也

英宗睿皇帝陵曰裕陵在慶陵少西 燕都游覽志

天順八年六月裕陵成其制金井寶山城池一座照壁一座明樓花門樓各一座俱三間香殿一座五間雲龍五彩貼金硃紅油石碑一祭臺石一燒紙爐二神厨正房五左右廂房六宰牲亭一墻門一奉祀房三門房三神路五百三十八丈七尺神宮監前堂五間穿堂三間後堂五間左右廂房四座二十間周圍歇房并厨房八十六間樓一門房一大小墻門二十五小房八井一神馬房馬房二十歇房九馬樁三十二大小墻門六白石橋三甎石橋二周圍包砌河岸溝渠三百八十八丈二尺栽培松樹二千六百八十四株 實錄

裕陵在石門山距獻陵西三里自獻陵碑亭前分西爲裕陵神路路有小石橋碑亭北有橋三道皆一空平刻

雲花殿無後門榜曰裕陵碑曰大明英宗睿皇帝之陵餘並如景陵寶城如獻陵垣內及冢上樹存一百七十株 昌平山水記

裕陵葬英宗法天立道仁明誠敬昭文憲武至德廣孝睿皇帝孝莊獻穆弘惠顯仁恭天欽聖睿皇后錢氏孝肅貞順康懿光烈輔天成聖皇后周氏其靖莊安穆宸妃莊僖端肅安妃端莊昭妃恭安和妃恭僖成妃榮靖貞妃恭靖莊妃恭莊端惠德妃莊和安靖順妃昭肅靖端賢妃端靖安和惠妃端靖安榮淑妃安和榮靖麗妃昭靜恭妃僖恪克妃惠和麗妃端和懿妃俱葬金山貞順懿恭惠妃葬桃山 嘉靖祀典

十八妃一葬綠山餘俱金山 國朝典彙

孝莊錢皇后海州人父貴都指揮僉事正統七年冊立成化四年崩祔葬裕陵然異隧焉去英宗泉堂可數丈許中壑之虛右壙以待孝肅周后則其中有隧道通而孝肅又不得預于配祭 名山藏

孝肅周太后昌平人慶雲侯贈寧國公能女弘治十七年三月崩 同上

本朝山陵初止一后祔葬至英宗元配孝莊錢后崩時憲宗壓于生母孝肅周后幾不得祔葬裕陵大臣力諍之始虛孝肅元宮以待而二后並祔自此始矣 野獲編

天順八年正月上疾大漸遺命勿以嬪御殉葬令太監牛玉執筆書之 皇明通紀

高廟文廟仁廟宣廟皆用人殉葬至英宗臨崩召憲廟謂之曰用人殉葬吾不忍也此事宜自我止後世子孫勿復爲之至今遂爲定制 否泰錄

宋獻陪祀裕陵詩龍荒六駕飛想像翠華歸廟社靈無改天人理果徵蒸嘗欣永托禮樂正垂衣寢殿澄氛霧觚稜濛素輝 昌平州志

憲宗純皇帝陵在裕陵西北 燕都游覽志

茂陵在聚寶山距裕陵西一里自裕陵碑亭前分西爲茂陵神路路有石橋一空制如裕陵榜曰茂陵碑曰大明憲宗純皇帝之陵垣內外及冢上樹千餘株十二陵惟茂陵獨完它陵或僅存御榻茂陵則簨簴之屬猶有存者 昌平山水記

茂陵葬憲宗繼天凝道誠明仁敬崇文肅武宏德聖孝

純皇帝孝貞莊懿恭靖仁慈欽天輔聖純皇后王氏孝穆慈慧恭恪莊僖崇天承聖皇后紀氏孝惠康肅溫仁懿順協天佑聖皇后邵氏而恭肅端順榮靖皇貴妃亦葬天壽山端順賢妃恭惠和妃和惠靖妃莊靖順妃端榮■妃莊懿德妃靖順惠妃貽順麗妃端僖安妃恭懿敬妃懷榮賢妃靖僖榮妃俱葬金山 嘉靖祀典

孝貞王皇后上元人中軍都督贈阜國公鎮之女正德十三年二月崩 名山藏

孝穆皇后紀氏孝宗生母也初葬金山孝宗即位遷合葬孝惠皇后邵氏興獻帝生母也初葬金山世宗即位遷合葬十四妃一葬陵之西南餘俱葬金山廢后吳氏亦葬金山 國朝典彙

孝穆紀太后賀人本蠻土官女成化十一年六月暴薨

孝惠邵太后昌化人父林嘉靖元年崩 名山藏

憲宗初選吳氏旋廢則元配爲孝貞后王氏而孝宗生母爲孝穆后紀氏同祔茂陵葢循用裕陵新例至嘉靖入纘則憲宗貴妃邵氏已稱壽安皇太后尋崩初葬金山後亦遷祔茂陵於是三后並祔又從此始 野獲編

程敏政望茂陵詩茂陵宮殿鬱參差已近先皇發引時上界鸞聲應載道北山龍脉又分支迤遷九室藏新主會遣千官奉節祠慚媿十年叨講幄一言無補髮如絲 篁墩集

薛蕙謁茂陵祀孝貞太后詩一棄東朝養千秋不復歸夜臺長寂寞月殿少光輝野露棲金盌山風動玉

衣茂陵多碧草春日自芳菲 西原集

孝宗敬皇帝陵曰泰陵在茂陵之西 燕都游覽志

泰陵在史家山距茂陵西少北二里自茂陵碑亭前分西爲泰陵神路路有石橋五空賢莊灰嶺二水逕焉碑亭北有橋三道皆一空制如茂陵榜曰泰陵碑曰大明孝宗敬皇帝之陵垣內及冢上樹百餘株存御座御案御榻各一承塵皆五色花板多殘缺而茂陵泰陵獨完 昌平山水記

弘治十八年六月營泰陵于天壽山勑太監李興新寧伯譚祐工部左侍郎李鐩提督發五軍等三營官軍萬人供役 武宗實錄

初建泰陵都下盛傳其地有水吏部主事楊子器直言

其事時督工太監李興有殊寵勢熖薰灼遂下楊錦衣獄莫敢救者適起復知縣丘泰莆田人到京上疏言子器此奏甚有益蓋泰陵有水通國皆云使此時不言萬一梓宮葬後有言者欲開則洩氣不開則抱恨終天今視水有無此疑可釋請遣司禮監太監蕭敬押楊往衆謂必遭興毒手及至興率奴客詈罵楊欲箠之蕭敬曰水之有無視之立見何必爾又顧興曰士大夫可殺不可辱也遂得免既回奏無水衆又謂楊必死事傳禁中太皇太后聞之曰無水則已何必罪之遂得還職 九朝野記

泰陵葬孝宗建天明道誠純中正聖文神武至仁大德敬皇帝孝康靖肅莊慈哲懿翊天贊聖敬皇后張氏 嘉

靖祀典

孝康張皇后興濟人父巒都督同知壽寧伯贈昌國公嘉靖二十一年八月崩名山藏

何景明謁泰陵詩世切如雲望天推格帝功彌留念諸將顧命托三公玉几星辰上元宮霜露中松楸慟哭地白日起悲風大復集

徐禎卿長陵西望泰陵作新宮猶靄靄白露已蒼蒼詎識神靈遠徒悲劍舄藏陰風連大漠落日照漁陽稽手攀松栢雲天灑淚長廸功集

邊貢供事泰陵有述像設徒虛儲龍游竟不還勳華留率土精爽寄空山石錮金泉黝雲棲碧殿殷寢園如種竹應有淚成斑華泉集

又望陵詩徙倚東峯下西陵望鬱然元宮深閟日玉座迴浮烟風雨清明候乾坤正德年攀龍無處所空有淚潺湲憶在先朝日曾沾侍從恩鸞輿歸寂寞鳳質儼生存夕日昏阡樹春風長澗蘩祠官如可乞長奉泰陵園同上

顧璘詩松栢西陵路詞臣仗節來衣冠瞻漢寢弓劍拜軒臺細雨春山濕明星曉殿開年年揮淚地不見長蒼苔息園集

王謳望泰陵詩寡昧徽猷散休明憶聖朝風雲猶鬱鬱松栢自蕭蕭弓劍仙原閟謳歌帝德昭放勳如可作直欲贊神堯彭衙集

何瑭望泰陵作泉扃一自掩重關惆悵龍髯不再攀

絳節定應歸帝所翠華無復到塵寰亂峯殘照元猿哭衰草寒烟石獸閒載筆小臣凝望久玉樓瑤殿倚空山 何文定公集

王衡詩九原何處不蒼凉弓劍橋山泣孝皇警夜燎光承委珮當關午漏下封章翠旗風雨歸華表玉几星辰照未央千禩泰陵坏土濕登臺北望一沾裳 緱山集

武宗毅皇帝陵曰康陵在泰陵正西田大受謁康陵記曰康陵西去紅門三十里十二陵中最僻遠者陵背負五峯形如青菡萏舊名蓮花山灌莽陰森望之不見上石長松大者至數十圍 燕都游覽志

康陵在金嶺山距泰陵西南二里自泰陵橋下分西南

爲康陵神路山勢至此折而南故康陵東向路有石橋五空錐石口水逕焉又前有石橋三空制如泰陵榜曰康陵碑曰大明武宗毅皇帝之陵明樓爲賊所焚垣內外樹二三百株 昌平山水記

康陵葬武宗承天達道英肅睿哲昭德顯功宏文思孝毅皇帝孝靜莊惠安肅溫誠順天偕聖毅皇后夏氏嘉靖祀典

二妃塟金山 國朝彙典

孝靜夏皇后上元人父儒封慶陽伯嘉靖十四年崩名山藏

馬汝驥望康陵詩康陵接泰陵西極紫雲層暮倚金門栢秋攀玉殿藤地靈原有待天壽豈無憑灑淚還

隹節龍髯不可升 西元集

王健上陵詩玉帛來天府衣冠去國門萬年周典禮七葉漢陵園月擁元宮迴星依紫極尊翠華如在上瞻切五雲屯 鶴泉集

張孚敬康陵陪祀作至日康陵上初封土未乾君臣原一體瞻拜亦多官清路旌旗斷空山草木寒去年當此日猶未返長安 羅峯集

顧夢圭謁康陵詩早霧籠山暝新松匝殿稠三邊餘武烈八駿想神游花萼皇情遠衣冠歲事修傷心大官酒猶得獻千秋 疣贅錄

王世懋夜出康陵作石瀨苦頻涉巖巒却屢登寒星動飛澗斷樹出疏燈不辨元宮色猶瞻紫氣層行行

一回首寂寞問康陵 王奉常集

世宗肅皇帝陵曰永陵在長陵東南享殿前後凡五重墻內外皆植栝子松祾恩殿後之左有松卧而復起西嚮三折而始上寳城頂有杏有桑 燕都游覽志

永陵在十八道嶺嘉靖十五年改名陽翠嶺距長陵東南三里自七空橋北百餘步分東爲永陵神路長三里有石橋一空有碑亭一座如獻陵而崇鉅過之碑亭南有石橋三道皆一空門三道門內東神厨五間西神庫五間重門三道東西二小角門又進復有重門三道飾以石闌累級而上方至中墀殿七間兩廡各九間其平刻左龍右鳳石闌二層餘悉如長陵殿後有門兩旁有垣垣各有門明樓無甬道東西爲白石門曲折而上樓

之三面皆爲城堞榜曰永陵碑曰大明世宗肅皇帝之陵亭殿明樓皆以文石爲砌壯麗精緻長陵不及也寶城前東西垣各爲一門門外爲東西長街而設重垣于外垣凡二周皆屬之寶城其規制特大 昌平山水記

永陵瘗世宗欽天履道英毅聖神宣文廣武洪仁大孝肅皇帝孝潔恭懿慈睿安莊相天翊聖肅皇后陳氏孝烈端順敏惠恭誠祗天衛聖皇后方氏孝恪淵純慈懿贊天開聖恭順皇后杜氏 芹城小志

孝潔陳皇后元城人父萬言都督同知封泰和伯嘉靖七年十月崩初謚悼靈皇后以其年別瘗襖兒谷久之改謚孝潔穆宗即位遷瘗永陵孝烈方皇后江陵人父都督銳封安平伯嘉靖二十六年宮中火后崩孝恪杜

乎歌曰瞻層臺聿穹隆兮肇基太始垂無窮兮爰考休徵熙淳風兮於昭靈臺臺與俱崇兮 文翰類選

劉基龍虎臺賦猗歟太行之山呀雲豁霧結元氣而左蟠於赫龍虎之臺摩乾軋坤魁羣山而獨尊其背崔嵬突嵂森罔巒而拱衛其勢則昆崙駊駃仰星辰之可捫白虎敦圉而踞峙蒼龍蜿蜒而屈盤狀昂首以奮角恍飈興而雲屯其北望則居庸巇嵲煙光翠結攢峯列戟斷崖立鐵踆烏飛而不度古木樛以相掣其下視則漲海沖瀜飛波洗空風帆浪船往來莫窮想瀛洲之窅邈睇三山之可通彼呼雁戲馬適足彰其陋而眺蟾望屋曷足逞其雄豈若茲臺之不事乎版築而靡勞乎土功也想其嶔崟崎礒曼衍迤邐

形高勢平背山面水巨靈獻其幽秘歸邪護其光晷何嵩華之足吞豈岱宗之可擬此所以通孔道于上都揭神京之外壘匪松喬之敢登羌乘輿之攸止也至若四黄既駕鹵簿既齊方玉車之萬乘蔚翠華之萋萋戴雲罕與九游光彩絢乎虹霓山祇執警以廣道屏號灑雨以清埃朝發軔于清都夕駐蹕于斯臺明四目以遐覽沛仁澤于九垓陋軒轅之梁甫屑神禹之會稽雄千古之盛典又何數于方壺與蓬萊慨愚生之多幸際希世之聖明雖未獲覩斯臺之壯觀敢不慕乎頌聲遂作頌曰傑彼神臺在京之郊金城内阻靈關外包上倚天倪下鎮地軸太行爲臂滄海爲腹崇臺峩峩虎以踞之羣山巃嵸龍以翼之於鑠帝德與臺無窮於隆神臺與天斯同崇臺有偉鸞駕爰止天子萬年以介遐祉 誠意伯文集

馬祖常龍虎臺應制詩龍虎臺高秋氣多翠華來日似鸞坡天將山海爲城塹人倚雲霞作綺羅周穆故慚黄竹賦漢高空奏大風歌西京巡省非行幸要使蒼生樂至和 石田集

周伯琦龍虎臺詩巍巍百尺臺蕩蕩昌平原隆隆鎮天府奕奕環星垣居庸亘北紀輿區歛全燕蒼龍左蟠拏白虎右踞蹲斯名豈易得天以遺吾元明明傳正統聖子及神孫巡歸遂駐蹕衣冠照乾坤山川皆改容草木亦被恩章華民力竭柏梁侈心存豈若因自然張設一旦昏雄偉國勢重簡儉邦本敦年年與

成典宫中奏雲門 迺光集

金幼孜隨駕宿龍虎臺作軍都邑廢已無城龍虎臺空尚有名山繞平原烟樹綠天連碧游暮潮平淸宵宿衛聞笳響拂曙趨朝聽鼓聲傳道乘輿催早發中軍先已抗前旌 金文靖公集

紅澗溝在龍虎臺西一十二里 州志

積粟山在州西北十五里相傳元時積粟于此 同上

駐蹕山在州西二十五里其山長而北袤凡二十里石皆壁立高可十丈其頂皆白山之南有棲雲嘯臺高二丈許正北有石梯可上金章宗建亭於此舊傳山下有石床石釜今亡 昌平山水記

山巖下有仙人碁碁枰碁子皆具子但可移不可得而

取 州志

上方寺在駐蹕山上有十八盤寺南爲仙人陀 同上

仙人池在駐蹕山下傳有仙人浴此 同上

玉斗潭距百望山十二里腐草翻之深不可測傳有兩牛鬬陷于潭無迹又北十里爲灌石駐蹕山在焉西望白虎跕深若天井山上有臺名棲雲金章宗嘗游此擊毬山下石床石釜俱存 薊丘集

神嶺峯在灌石村西北金章宗游此以所飲酪漿灑于石壁之上至今猶白西南有寒崖多奇花異草 州志

唐太尉朱懷珪墓在州城西北十五里積粟山下碑文爲元載撰李融書 同上

吳師道覽朱懷珪碑詩昌平官道傍卧碑何壯偉有

唐營府督懷珪姓朱氏盧龍昔强藩巨孽所根柢爾峒泚與滔逆氣粤有始耽耽元相國肆筆方述紀寧知兩月後口磯不貸爾千載托斯人遺臭同一轍荒墳莽無迹石獸相撐倚雙螭巳捩地文字未殘毀徒令行路者喈喈嗟僭侈聖賢樹功德金石無溢美未世乃濟姦事定有公是奈何極穹崇來者紛未巳留此懲不忠并以愧諂子 吳禮部集

中山口北一里有仙人洞洞在山麓可容二百人洞口向東從石梯而下石皆倒垂下爲平地洞西壁有一門近門上有石鐘下懸長數尺門之內少入轉而南見有石鎛如夾道深黑人不敢入 昌平山水記

仙人洞在紅門內東山腰去碑樓三里躡磴而上洞口僅容一人傴而入內若大厦日色下燭石皆倒垂 燕都游覽志

無名氏詩石洞窅且深花落無人掃仙翁去不還何處尋瑤草 昌平舊志

駐蹕山之西曰虎谷其傍土岡一丘名小金山曰亭午人過岡下有光射衣若金色然 長安客話

西山口西四里有虎谷山又三里有大虎谷山 昌平山水記

無名氏虎谷詩虎谷名金山客行初未識日午山下過人衣黃金色 昌平舊志

虎眼川在虎谷山下幢幢水所出也 州志

水流如瀑布三四里至鶺鴒巖隱而不見或謂舊縣西

北虎眼泉是其水復出也燕都游覽志

吳師道虎峪淙淙泉作居庸古塞口諸峯並嵯峨左轉萬栗林黃葉墮殘柯路出草棘間石溝泣微波黃塵欻騰起知有飲馬駝前趨俯絕磴素礫漫坡陀窮秋水脈絕泓渟不盈科無復聲淙淙虛名誤來過下馬少徘徊土屋依巖阿野老向我言深入水木多前年邑中人來此逃干戈委蛇數十里臨險無誰何桃源志樂土商山有遺歌誰知戰爭塲咫尺隔網羅欲游苦匆匆斜陽下前坡吳禮部集

按吳禮部正傳所詠淙淙泉當即今之幢幢水也

溝溝厓深山疊嶂秀石緣空三十餘里悉履石攀葛始達山巔清流繚繞奇樹揚芬傍有蘭石數區薊丘集

昭陵之北曰岣岣崖崖下有菴曰瑞峯一曰摩尼帝京景物畧

岣岣崖在州治西北德勝口內崖西峯有水月亭州志

德勝口西三里有溝溝巖巖分上中下望之若石梯深險可避兵昌平山水記

德勝口南兩山相夾人行礓礫中數十步輒一折數里外見崖旁鴨腳樹二羅漢松一近而知爲瑞峯菴也又里許陟一嶺徑仄多亂石前人舉踵石衮衮觸後人足嶺之巔爲崖折旋半里有岫峯菴俗云盤道菴中有泉鴨腳一本可休息復三折而下溝始寬分爲二泉涓涓流甚清駛山麓遮其左若無路然再折過一溝始望見

三峰矣中峰位乎乾東峰位乎艮西峰位乎坤三峰左右環拱爲峰者二十有二所謂仙人玉女將軍步虛玻璃五雲金華紫極皆以意名者也又從磴道上十餘折至東峰菴再折而上爲中峰有玉虛觀從中峰下有西王母祠祠後石壁高三十仞石理嶃惡壁右有方池流入巖下爲瀑自中峰緣崖而西爲西峰菴菴右有泉僧引之入香積泉右有方亭敞豁可坐瑞峰菴有大學士趙志皐碑記岫峰菴有右通政李琦碑中峰菴有禮部郎中馮元颷碑西峰菴有大學士王錫爵禮部左侍郎翁正春二碑碑文皆稱溝溝崖爾雅水注谷爲溝以之稱名夫豈不古而帝京景物畧妄以岣嶁易之何哉 肅松錄

溝溝崖勝國梵宇縣亘凡七十有二入明僅存其五西峯者五菴之一也 翁文簡公集

公鼐溝溝崖詩橋山西北寺一谷隱千峯曲折雲屏掩高低棧閣重傳觴猿飲澗倚蓋鶴巢松小憩聽泉久東巖已暮鐘 問次齋稿

九龍池方廣十丈重垣護之覆以黃甓石琢九龍張頷歕沫入池泠然有聲夾池植桃榔稍東爲月闕洩水水流出闕爲小渠過石梁入山下田 篁墩集

九龍池在昭陵西南於山崖下鑿石爲龍頭泉出其吻瀦而爲池上有粹澤亭中一間旁各三間門三道東向繚以周垣爲車駕謁陵事畢臨幸之所嘉靖十五年世宗勅建也 昌平山水記

九龍池在紅門西翠屏山下逼近昭陵泉出九穴穴鑿石爲龍吻瀦水爲池 燕都游覽志

康陵神宮監太監劉杲嘉靖元年六月奏請天壽山空地并九龍池菜園栽種蔬果以備四時供獻命戶部給之 世宗實錄

趙釴游九龍池詩乘春趨帝寢轉壑向龍池塢曲鶯啼緩松深馬度遲紅泉流玉液丹砌擁金枝日暮煙雲合嵐光逐望移 無聞堂稿

王廷榦九龍池詩龍門開碧苑池色映丹丘芳樹緣堦轉清泉入戶流園平花氣合谷靜鳥聲幽即此消千慮何須覽十洲 巖潭集

老君堂東北有長春亭三間東西廂各三間以備游憩

昌平山水記

花塔村在州城西北三十里有和平寺唐建 州志

北山上平衍西五里有嶺曰長城微有古堞剝蝕傳是秦皇之址有泉出焉曰馬跑又西二里有了思臺下臺而西又十里皆峻嶺也灰嶺險倍于長城石如蛤粉下山有城是鎮邊之廢邑又西八里有城是曰鎮邊兩旁皆山園之南曰碧鴛曰通明北曰鷹揚曰涔落碧鴛之巖有小湖中有赤鯉盈尺是曰合抱之河鎮邊西十里有堠曰唐耳背據大山斜界居庸鎮邊廢邑其南皆山中爲衢路東曰六華之巖西曰小神之山曰青利之山巖分形如六華其第四巖有洞深窅是爲鳴皐洞南十里有聚曰長峪又西五里有巖曰德勝又曰鳳凰上有

薊若山下出泉流二十里達于渾河山上有隱鷲臺山西有觀音洞又曰孤松巖山南嶺曰西峪其下有碑不可辨識自長峪而東二十里有聚曰菩提塹有寺曰白瀑寺出山而北曰白鶴峯又折而東則走高崖山僧言二月之交有山曰青華下可萬仞每有瑰形奇物且飛且走銜乳而西獵人莫敢近也 薊丘集

白瀑寺在居庸關西百里寺中畫壁碑志皆金大定年物 東田漫稿

馬中錫白瀑寺詩白雲深處萬重山寺在雲山杳靄間四壁丹青圖海會斷碑文字記完顏唄餘盤石僧初定齋罷生臺烏未還世上紅塵應不到正宜長日掩柴關 同上

神嶺山在州東北三十二里山高百餘丈下有龍潭流入白浮堰所謂神山泉也 方輿紀要

神嶺一名三思嶺以其高峻故名 燕都游覽記

銀山在州東北六十里緣石梯而上五六里名中峯唐僧鄧隱峯之所居也下有法華寺有隱峯十詩曰白銀峯曰佛頂峯曰古佛巖曰說法臺曰佛覺塔曰懿行塔曰雪堂曰靈堂曰茶亭曰濛泉金大定六年立石 昌平山水記

隱峯閩邵武軍鄧氏子侍馬祖得悟冬居衡嶽夏止清涼元和中登五臺路出淮西屬官軍與賊交鋒師乃擲錫空中飛身而過兩軍爲之息鬬遂入五臺金剛窟而化 傳燈錄

銀山峯巒高峻冰雪層積色白如銀麓有石崖皆成黑色謂之銀山鐵壁 方輿紀要

銀山度嶺數折峯漸分爲三左一峯石卓立如錐峯下有塔凌空爲法華寺寺建于金天會三年曰大延聖寺正統間太監吳亮修寺後古佛巖乃後人新鑿再上爲鄧隱峯說法臺復躡危磴五六里爲中峯頂峯石銳上如斧刃懸索升之凡兩轉至頂一石臺方丈許翼以扶欄中一石龕供石佛左懸一鐘尉者擊焉寺塔七高各數丈 燕山紀游

銀山頂由閻王鼻行山脊如刀背僅容納足長十餘步兩旁如削下臨萬仞不可凝視 中溪集

中峯下有寺曰大延聖寺正統十二年重修賜額曰法

華二碑皆太監吳亮撰并書又弘治十年翰林學士汪諧淨業堂記碑今斷寺西上半里爲松棚菴門內外各一松北上一里鐵壁寺塔曰延聖塔弘治四年建塔前有釋行倫詩碑弘治八年立山北四十里爲井兒谷又一里玉峯山山石盡白樹多蘋婆果林中有大萬聖寺上八呼張開寺像設皆石入山者取道二一從白泛嶺入路險難一從三思嶺牛蹄嶺入差平 帝京景物畧

無名氏詩銀山本在北萬丈青雲梯曉見居庸雪銀山忽在西 昌平舊志

李夢陽題銀山寺作銀山倚鐵壁天外削三峯下見林中寺來聞午夜鐘僧徒住石屋雷雨拔門松西望諸陵接雲成五色龍 空同集

昌平人卜地窆母開壙見有紫漆棺而丹漆書其前蓋婦人之墓而其夫所爲文文曰里人盧孝妻祝氏月英父某母某孝始聘某姊爲權力奪去父母以英續盟英貌莊性慧事舅姑禮敬女紅經史音樂皆通曉日不廢書夜必刺繡夫婦未嘗離舍勢力者復欲奪英英憤恚死歸孝三年年二十一歲散衣十九件皆英手刺花鳥并其平生玩好悉以歸冥至正二年月日夫盧孝撰 耳談

蔡松年入關宿昌平作黃塵𨚫送入關山自斷何如二頃田記得鳴蛩碧花何蹉跎秋思又三年 中州集

馬中錫昌平道中作欵段遥遥去路長東風吹雨濕衣裳諸陵漸近山光紫三月纔臨柳色黃春事每先官事了老年翻比少年狂道旁翁仲如相識笑我來多兩鬢著 東田漫稿

張海百五日宿昌平館中作搖落掩星館蕭條並鶡冠鶯花春欲判風雨食猶寒鄉國松楸暗邊城鼓角殘兩年游子淚雙袖未能乾 函山集

毛伯溫昌平篇日出見山色日沒行山邊層巒飛白雲羣巘廻青天崔嵬大行勢來脈崑崙巔迢迢歷秦晉東走何蜿蜒至此突南向合沓如環連王氣紛糾錯大野當其前豈徒壯陵寢亦以開幽燕宸居槩天表四極羅星躔煌煌太宗業聿與聖祖肩所貴慎明德在險戒忘愆皇圖永有固祈命陳洛篇 東塘集

周詩宿昌平作晨發都城門暮宿昌平境地折雙溪

流天開萬重嶺月樹露微明楓林墮初暝謬此陪秋嘗齋心動遐省與鹿集

魏允貞昌平道中作又是清明節邊城柳未黄逢春嘗作客無地不思鄉風起征衣短月明吹笛長誰將關塞曲平爲達君王息泉摘稿

區大相昌平道中作山家未夕昏半已掩柴門車馬爭塗疾牛羊下坂喧春陰入陵樹雨色過湖村誰道相如病猶堪守漢園海月先生集

侯恪昌平道中作再入昌平道淒凉事不同兵戈纏殺氣鼓角動秋風野色千林白嵐光片日紅長陵蒼莽外極目送飛鴻侯司成集

日下舊聞卷三十三終

日下舊聞卷三十三補遺

京畿九

唐劉蕡昌平人歷遼金無能發潛德天曆間昌平驛官宮祺始奏建劉諫議書院 金臺集

葛邏祿廼賢劉蕡祠詩入郭日已暝慘憺風葉赤鞠躬荒祠下低徊想遺直劉君素忠憤伏闕論邦國瘝陳腹心禍竟罹考功斥餘子盡奮騰欝欝負慚色鄉人仰高義千載崇廟食悲歌風蕭蕭感慨情惻惻出門無行人京月照東壁 同上

帝幸上都忠惠王從至龍虎臺拜辭帝賜衣慰諭 高麗史世家

葛邏祿廼賢龍虎臺詩晨登龍虎臺停驂望居庸絕

壑閟雲氣長林振悲風翠華有時幸北狩甘泉宮千官候鳴蹕萬騎如飛龍帳殿駐山麓羽葆羅雲中我行避馳道弗得窮幽蹤衣裘倏凉冷積霧浮空濛前山風雨來驅鞭復匆匆 金臺集

正統已巳秋七月王振挾天子率師親征至龍虎臺安營方一鼓衆皆虛驚知爲不祥也 古穰雜錄

翠平口在昌平北二里舊名得勝口金大定二十五年五月改名 元混一方輿勝覽

從紅門望長陵而西入峽中爲得勝口關城雉堞樓櫓俱壯渡溪上嶺十二盤爲中菴再十二盤爲玉皇殿一崖獨出殿踞其上廊檻環之 浮山集

謁陵各官類晚入昌平憩宿五更祭陵公署弗能盡容

各以類假宿如兵部官則宿于衛所戸部宿于倉司給事中宿于劉蕡祠爨校則翰林寓宿之地與察院相鄰察院諸御史宿處也楊學士守阯暮抵昌平遂誤入察院因賦詩曰雙眼風沙百里程敝衣瘦馬到昌平欲尋預水先生館誤入分司御史廳導引輿臺顏盡赤將迎豸繡眼偏青只愁太史明朝奏昨夜文星犯法星 無用閒談

湯泉知名者七 匡廬汝水尉氏驪山鳳翔之駱谷和州之惠濟渝州之陳氏山居也燕之昌平李陵臺亦有溫泉 研北雜志

袁桷龍虎臺詩羣山郭宸居層臺納靈秀百泉堉東西千嶂朋左右先皇雄略深省方歲巡狩翠華懸中

天問俗首耕耨沉沉貔貅壘濯濯鷹犬藪前行節駝鼓執御各在手侍臣仰天威長跪四方奏往聞父老言羅拜上萬壽山桃與黍酒飲齒時一嗅乘雲去無蹤過者必稽首登坡望儲胥紫氣徹牛斗 清容居士集

張翥送駕至大口作萬乘巡行遠三靈佑護多旌旆隨大纛鼓鐸雜鳴駝初日浮黃繖微風送玉珂臣心如草色不斷到灤河 蛻菴集

九龍池上有粹澤亭亭池兩榜世宗皇帝御書也 餐微子集

陸深弔劉生賦洵劉生之瓌瑋兮巳亮夫言出而禍隨誕樹虛而賈實兮紛振古之共悲測彼蓍之倚伏

兮嗟生獨罹乎此時也當明庭而鋪辭兮既已謝乎無媒也苟忠信之自卬兮又奚必開金石而稱奇願韜卷以有俟兮恐歲暮之難期凌氷雪以北度兮敬弔生之芳祠空蘋藻於寒沍兮悵瞻遡之何遲吁會合其猶然兮羌昧已而前之塞河決于徹穴兮當狂瀾之既頹貔虎逸而負嵎兮欲徒手而徑批臨深淵而莫戒兮聳旁觀之屢疑佩宣王之昭訓兮亦有道而言危曰余既知夫隱衷兮冀身郤而道垂謂將來之可恃兮竟陳言之誰施謇歷生之故墟兮睇西山之崔巍尋采薇之舊踪兮路逶迤而多岐風號寒而木怒兮恍有遇于斯須情抑鬱而欲語兮魂靡靡以難持儻决機于轉圜兮曰獨生之所私 儼山集

陸深發昌平詩山城麗淑景沙堤度輕輿身從雲中歸疑有雲生裾離離列巘崿藹藹越里墟時有桃李花無言臨澗隅 同上

弘治十年以昌平湯山莊地二百頃賜大慈延福宮敕建道觀一所額曰崇虛 黄圖雜志

聖恩寺在昌平州崔村明正統四年建寺碑翰林院編修劉昇撰中書舍人趙昂書景泰三年立石 本葉山花記

劉昇聖恩寺碑畧聖恩禪寺在昌平崔村北寶峯下其地四山環寺東至大獨山南至南阿坡西至釣魚坡北至將軍陀長陵神宮監太監郁林年九十有四卒監丞阮包等以其遺錢營建經始于正統三年十

月明年十一月落成都知監太監楊瑛題請寺名勅
賜額曰聖恩禪寺

銀山之上有寺曰法華太監吳亮所建也山下有寺曰崇壽亦亮所建寺有碑成化十二年九月立翰林國史院編修仁和汪諧撰文鴻臚寺序班上虞何洪書 木葉山花記

汪諧崇壽寺碑銀山之下興壽村有寺曰九聖建自遼壽昌間滿公禪師所刱也宣德辛亥春司設監太監吳亮先建巨剎于山上正統戊辰英廟駕幸北山賜額曰法華禪寺既而吳公往來憩息于九聖詢知爲遼金古剎憫其傾圮復捐貲庀材剏大雄殿于寺之中設三世佛像于殿後建伽藍祖師堂於殿之旁立天王殿于殿前鐘鼓樓于山門内之左右廊廡庖湢莫不備具經始于天順丁丑春落成于巳卯秋聞于朝賜額曰崇壽禪寺

龍泉寺在昌平州芹城村龍潭之上本天祐舊剎駙馬都尉井源修之成化三年十月釋道深撰碑行湛立石 黄圖雜志

釋道深勅賜龍泉寺記神山在昌平縣東三十餘里芹城村村有龍潭約九畆有古龍泉寺天祐元年造舍利寶塔又有海雲國師及大慶壽尊宿塔又有望景軒宣德間嘉興大長公主偕駙馬都尉井公源舍金帛中使鄧智督建

昌平之東地名馬坊釋如進立彌陀寺 德園集

京畿十 昌平州下

燕山自西山迤邐東來至玉田縣西北延袤數百里直抵海岸 紀纂淵海

燕山去神京百里而近國朝諸陵寢在焉更名天壽 翁文簡公集

永樂七年五月營壽陵于北京昌平縣東黃土山封曰天壽山命武義伯王通督工 大政記

居庸東折玉帶神嶺諸山若抱若拱八陵在焉 治平畧

文皇帝初卜陵衆議欲用檀柘寺基上獨銳意用黃土山即天壽山也 宙載

寧陽人王賢少遇異人相之當官三品乃授以青囊書

遂精其術永樂七年成祖卜壽陵有司以賢應命於昌平東北十八里選得吉壤舊名東榨子山陵成封曰天壽賢從累官至順天府尹 水東日記

永樂七年仁孝皇后尚未葬成祖擇壽陵久未得吉壤禮部尚書趙羾以江西術士廖均卿至昌平縣遍閱諸山得縣東黃土山成祖即日臨視封天壽山命武義伯王通董役授均卿官 獻徵錄

天壽山陵擇地或云江西廖均卿或云山東王賢賢字惟善中永樂辛卯鄉試以鄢陵訓導擢戶科給事中陞光祿寺少卿尋遷順天府尹實錄暨兗州府志皆未言其精青烏之術所聞異辭難以懸定也 兩京求舊錄

陵故爲康家莊長陵之東百餘步有土一丘康老葬焉

康老者明初以前人也文皇帝卜斯地作山陵曰安死者人之同情也命勿去昌平山水記

自州西門而北六里至陵下有白石坊一座五架又北有石橋三空又二里至大紅門門三道東西二角門門外東西各有碑刻曰官員人等至此下馬入門一里有碑亭重簷四出陛中有穹碑高三丈餘龍頭龜趺題曰大明長陵神功聖德碑仁宗皇帝御製文也亭外四隅有石柱四俱刻交龍環之其東有行宮又前可二里爲欞星門門三道俗名龍鳳門門之前有石人十二四勳臣四文臣四武臣石獸二十四四馬四麒麟四象四槖駝四獬豸四獅子各一立二蹲近者立遠者蹲石柱二刻雲氣並夾侍神路之旁迤邐而南以接乎碑亭碑文

後書洪熙元年四月十七日孝子嗣皇帝某謹述蓋文成而碑未立宣德十年四月辛酉修長陵獻陵始置石人石馬等于御道東西十月巳酉建長陵神功聖德碑是時仁孝皇后之葬二十有三年太宗文皇帝之葬亦十有一年矣然而始立者重民力也欞星門北一里半爲山坡坡西少南有舊行宮土垣一周坡北一里有石橋五空又北二百步有大石橋七空大石橋東北一里許有新行宮宮有感恩殿宮東南有工部廠及內監公署大石橋正北二里有石橋五空又二里至長陵殿門神道自嘉靖十五年世宗謁陵始命以石甃自大紅門以內蒼松翠栢無慮數十萬株今盡矣同上

出昌平州東門數里入伽藍口又三里爲永陵園圃後

曰蔣山山腹有神仙洞洞洞不甚深鐫字于旁曰蜿蜒龍脊山吞月磊砢雲根洞有天上懸一石如覆鐘狀山上有三清殿復行二里度一溪溪西有七鳳橋長陵神道東流之水經焉旁有井故地名玉井灣北有工部廠與龍王廟並廟碑三弘治嘉靖萬曆中太監王定張保山潘朝用所立廠碑二其一思陵命太監魏國徵掌昌宣軍務勅諭其一翰林韓四維所爲記也定與保山朝用皆爲工部廠員命掌鎮兵則自國徵始繼之者王希忠申之秀也希忠後死亂軍中之秀見賊陷京城削髪去爲僧有司香太監貫宗云然又行里許爲德陵神宮監又半里許名東井相傳成祖八妃葬此少北渡一小石橋爲德陵陵西向面大溪過大石橋而西至永陵再西

而北至景陵由長陵西下坡渡石橋爲獻陵又度小石橋爲慶陵再度石橋二爲裕陵松左右成列再西見碑樓出松林中度一大石橋抵碑樓下則茂陵也松列樓外者存二十二株樓以内至祾恩門者三十六株自祾恩門入難以數計矣由茂陵神馬廠神宮監而西三四里度一大石橋至泰陵渡溪而南至康陵折而北爲錐石口自溪而東有斷橋循麓右轉復渡溪水上一岡至定陵少南爲西井再南爲萬妃墳又南則昭陵東至思陵 肅松錄

天壽山陵前有鳳凰山後有黃花鎮左有蟒山右有虎峪東西山口兩水會流于朝宗河文皇帝塋所曰康家莊是爲長陵次皇山距長陵一里有半是爲獻陵次黑

山距獻陵三里是爲景陵次石門山距景陵六里是爲裕陵次寶山距裕陵二里是爲茂陵次史家山距茂陵二里是爲泰陵次金嶺山距泰陵三里是爲康陵次陽翠嶺距康陵十六里是爲永陵次大峪山距永陵九里是爲昭陵次亦名大峪山距昭陵一里是爲定陵次皇山二嶺距定陵五里是爲慶陵 燕都游覽志

德陵葬雙鎖山潭子峪在永陵東北思陵葬錦屏山小紅門內 肅松錄

皇陵入路第一層龍沙帶崖第二層白玉石坊在紅門之南嘉靖十九年建坊北石橋橋南二喬松北瞰流泉松柏左右列各六行第三層自坊內行松陰中三里許至紅門下馬步入門內左爲拂塵殿圍墻正殿二層羣

室六十餘楹皇帝謁陵至此更衣左右槐樹正寢二殿羣圍房各五百餘間第四層至龍鳳門黃綠琉璃甃治門內外白玉石華表柱各二雕蟠龍色如乾黃玉門內外石橋七座白玉石爲闌第五層至碑樓洪熙元年建碑高十許丈無字第六層至櫺星門門左右列雕龍白玉石柱石人石馬麒麟象虎駱駝犀牛獅子 燕都游覽志

明初有玉鴿十二從南方來飛集燕山識者謂北平當王益兆燕山十二陵也 菊隱紀聞

天壽山名始于成祖蓋嘗駐蹕于此飲酒是日適萬壽之期羣臣上壽故名天壽今之傳譌者謂爲御體所藏名天壽者非也 世廟識餘錄

入紅門有殿曰時陟車駕更衣之所也神路中石獅子犀象駱駝麒麟馬各四石人十二擎天柱四望柱二碑亭一而九陵分道焉長陵當中正南鄉其左爲永陵景陵右爲茂陵裕陵獻陵昭陵惟康泰二陵稍遠可三十里小草齋集

宣德十年四月修葺長陵獻陵始置石人石馬于御道東西實錄

景泰元年正月命於天壽山之南築城周圍十二里以居長陵獻陵景陵三衛官軍二年十月徙昌平縣治并儒學倉庫於新築土城之內實錄

景泰七年七月太常寺言天壽山祖宗三陵所在今又益以壽陵猶未列諸祀典請於每歲春祈秋報附祭天壽山神主于北嶽之壇牲牢不加而事體實宜從之同上

嘉靖庚戌寇長驅至天壽山總兵趙國忠列陣紅門前寇不敢入而去世廟識餘錄

長陵在龍鳳門正北十二里居中其地名山場乃康家莊也陵之左有元時康家墳存之春秋賜二祭陵規制大於諸陵祾恩殿石欄三重惟此與定陵爲然其餘僅一重耳登寶城獨從中道一門入與他陵左右掖門入者異碑濶四尺五寸厚二尺五寸他陵亦不及也燕都游覽志

長陵在天壽山中峯之下門三道東西二角門門內東神廚五間西神庫五間廚前有碑亭一座南向內有碑

龍頭龜趺無字重門三道榜曰祾恩門東西二小角門門內有神帛爐東西各一其上爲享殿榜曰祾恩殿九間重簷中四柱飾以金蓮餘髹漆階三道中一道爲神路中平外城其平刻爲龍形東西二道皆城有白石欄三層東西皆有級執事所上也兩廡各十五間殿後爲門三道又進爲白石坊一座又進爲石臺其上爐一花瓶燭臺各二皆白石又前爲寶城城下有甬道內爲黃琉璃屏一座旁有級分東西上折而南是爲明樓重簷四出陛前俯享殿後接寶城上有榜曰長陵中有大碑一上書曰大明用篆下書曰成祖文皇帝之陵用楷字大徑尺以金塡之碑用朱漆欄畫雲氣碑頭交龍方趺寶城周圍二里城之內下有水溝自殿門左右繚以周垣屬之寶城舊有樹 昌平山水記

長陵門右別有具服殿五間東向有周垣垣南有白石槽五方而長名曰雀池貯水以飲雀 同上

長陵葬成祖體天弘道高明廣運聖武神功純仁至孝文皇帝仁孝慈懿誠明莊獻配天齊聖文皇后徐氏外一十六妃諡葬不可考 嘉靖祀典

仁孝徐皇后中山王達長女后觀女憲女誡諸家約其要義作內訓二十篇復采儒道釋嘉言善行類編勸善書示皇太子諸王永樂五年七月崩 名山藏

宣德五年三月上駐蹕陵下謂侍臣曰皇祖嘗言古帝王陵寢有崇奢麗及藏寶玉者皆無遠慮吾子孫宜戒之不可蹈也今所建陵寢皆皇祖嘗時規畫不敢有所

增益宣宗實錄

宣德十年十月己酉建長陵神功聖德碑 實錄

長陵碑正統初南城程南雲奉命書 同上

嘉靖十七年上閱長陵碑欲更成祖謚號命鋟木加碑上郭勛上疏以爲宜盡礱舊字更書之可以垂永久上不悅曰朕不忍琢傷舊號下禮部翰林院議部覆請遵上諭如式刊製擇吉奉安詔可 國朝典彙

萬曆三十二年雷震長陵碑上命重建於是大學士沈一貫上疏言世祖欲改刻成祖陵碑而未遑今雷神奮威乃天意示更新之象欲皇上纘成祖德乘此更立新碑此莫大之慶也上優旨允行噫上蒼示警于祖陵正宜君臣修省乃反以爲瑞應形之章奏比王安石天變不足畏罪浮十倍矣 野獲編

楊士奇陪祀長陵作萬里蒼梧去不還宮車千古閟橋山日華開映芙蓉殿雲氣深連虎豹關扶病此時瞻玉几傷心何處望龍顏遺臣泣盡餘年淚天上烏號不可攀 東里集

李夢陽謁陵詩本朝陵墓傍居庸聞說先皇駐六龍一自玉輿回朔漠遂令金殿鎖秋峯明禋哀職雖多預備物祠官豈盡供報祀獨知今上切毎於霜露見愁容 空同集

劉士驥長陵陪祀詩赤縣歸眞主青山鎖故宮玉魚沉永夜石馬立西風霜露秋容肅椒蘭祀典崇明禋鸞馭在濟濟駿奔同 蟋蟀軒草

宗皇帝山陵上諭尚書蹇義夏原吉等曰國家以四海之富塟其親豈惜勞費然古之帝王皆從儉制孝子思保其親之體魄于久遠者亦不欲厚塟秦漢之事足爲明鑒况皇考遺詔天下所共知今建山陵宜遵先志義等對曰聖見高遠發于孝思誠萬世之利于是命成山侯王通工部尚書黃福總其事其制度皆上所規畫也昌平山水記

楊士奇謁陵詩去年侍從謁長陵此日重來慟倍增春柳春花渾似昔獻陵陵樹復層層君恩追憶不勝哀老淚乾枯病骨摧陵下一來腸一斷餘生知復幾迴來東里集

宣宗章皇帝陵曰景陵在長陵之左燕都游覽志

景陵在天壽山東峯之下距長陵東少北一里半自北五空橋南數步分東爲景陵神路至殿門三里碑亭門廡如獻陵殿五間重簷階三道其平刻爲龍形殿有後門不屬垣殿後門三道並如獻陵甬道平寶城長而狹榜曰景陵碑曰大明宣宗章皇帝之陵周垣如長陵寶城前存樹十五株冢上一株昌平山水記

景陵塟宣宗憲天崇道英明神聖欽文昭武寬仁純孝章皇帝孝恭懿憲慈仁莊烈齊天配聖章皇后孫氏而以恭讓誠順康穆靜慈皇后胡氏塟金山榮思賢妃亦塟金山外六妃謚塟不可考嘉靖祀典

八妃一塟金山餘皆從塟國朝典彙

孝恭孫皇后鄒平人父忠永城主簿天順六年崩名山

恭讓胡皇后濟寧人父榮錦衣百戸正統八年徂 同上

嘉靖十五年四月上親詣景陵語郭勛等曰景陵規制獨小又多損壞其於宣宗皇帝功德之大殊爲勿稱當重建亭殿增崇基構 世宗實録

天壽七陵惟景陵規制獨小嘉靖十五年稍廓大之 今言

許國謁景陵詩宣宗黄屋閟青山十載雍熙想像間睿藻向來金匱秘宸游長罷玉泉閒蒼林廻合春流斷紫霧冥濛晝殿關始信霸陵留儉德試看階玉點苔斑 許文穆公集

郭正域遣祀景陵詩宣皇陵廟天山裏王氣青葱鎖帝梧只見丹臺餘寶鼎不聞銀海漾金凫千官露舄朝珠隴五夜雲車降紫都記得當年巡幸日道傍駐輦問農夫 黄離草

按實録宣德十年三月庚子贈何氏爲貴妃謚端靜趙氏爲賢妃謚純靜吳氏爲惠妃謚貞順焦氏爲淑妃謚莊靜曹氏爲敬妃謚莊順徐氏爲順妃謚貞惠袁氏爲麗妃謚恭定諸氏爲恭妃謚貞靖李氏爲充妃謚恭順何氏爲成妃謚肅僖謚册有曰兹委身而蹈義隨龍馭以上賓宜薦徽稱用彰節行是從葬者蓋有十妃祀典典彙皆誤也

英宗睿皇帝陵曰裕陵在慶陵少西 燕都游覽志

天順八年六月裕陵成其制金井寶山城池一座照壁一座明樓花門樓各一座俱三間香殿一座五間雲龍五彩貼金硃紅油石碑一祭臺石一燒紙爐二神廚正房五左右廂房六宰牲亭一墻門一奉祀房三門房三神路五百三十八丈七尺神宮監前堂五間穿堂三間後堂五間左右廂房四座二十間周圍歇房并廚房八十六間樓一門房一大小墻門二十五小房八井一神馬房馬房二十歇房九馬椿三十二大小墻門六白石橋三甎石橋二周圍包砌河岸溝渠三百八十八丈二尺栽培松樹二千六百八十四株 實錄

裕陵在石門山距獻陵西三里自獻陵碑亭前分西爲裕陵神路路有小石橋碑亭北有橋三道皆一空平刻 日下舊聞

雲花殿無後門榜曰裕陵碑曰大明英宗睿皇帝之陵餘並如景陵寶城如獻陵垣內及冢上樹存一百七十株 昌平山水記

裕陵葬英宗法天立道仁明誠敬昭文憲武至德廣孝睿皇帝孝莊獻穆弘惠顯仁恭天欽聖睿皇后錢氏孝肅貞順康懿光烈輔天成聖皇后周氏其靖莊安穆宸妃莊僖端肅安妃端莊昭妃恭安和妃恭僖成妃榮靖貞妃恭靖莊妃恭莊端惠德妃莊和安靖順妃貽肅靖端賢妃端靖安和惠妃端靖安榮淑妃安和榮靖麗妃昭靜恭妃僖恪克妃惠和麗妃端和懿妃俱塋金山貞順懿恭惠妃塋桃山 嘉靖祀典

十八妃一塋縣山餘俱金山

孝莊錢皇后海州人文貴都指揮僉事正統七年冊立成化四年崩祔葬裕陵然異隧焉去英宗泉堂可數丈許中窒之虛右壙以待孝肅周后則其中有隧道通而孝肅又不得預于配祭 名山藏

孝肅周太后昌平人慶雲侯贈寧國公龍女弘治十七年三月崩 同上

本朝山陵初止一后祔葬至英宗元配孝莊錢后崩時憲宗壓于生母孝肅周后幾不得祔葬裕陵大臣力諍之始虛孝肅元宮以待而二后並祔自此始矣 野獲編

天順八年正月上疾大漸遺命勿以嬪御殉葬令太監牛玉執筆書之 皇明通紀

高廟文廟仁廟宣廟皆用人殉葬至英宗臨崩召憲廟

謂之曰用人殉葬吾不忍也此事宜自我止後世子孫勿復爲之至今遂爲定制 否泰錄

宋獻陪祀裕陵詩龍荒六駕飛想像翠華歸廟社靈無改天人理果微蒸嘗欣永托禮樂正垂衣寢殿澄氛霧觚稜濛素輝 昌平州志

憲宗純皇帝陵曰茂陵在裕陵西北 燕都游覽志

茂陵在聚寶山距裕陵西一里自裕陵碑亭前分西爲茂陵神路路有石橋一空制如裕陵榜曰茂陵碑曰大明憲宗純皇帝之陵垣內外及冢上樹千餘株十二陵惟茂陵獨完它陵或僅存御榻茂陵則籩籚之屬猶有存者 昌平山水記

茂陵堊憲宗繼天凝道誠明仁敬崇文肅武宏德聖孝

純皇帝孝貞莊懿恭靖仁慈欽天輔聖純皇后王氏孝穆慈慧恭恪莊僖崇天承聖皇后紀氏孝惠康肅溫仁懿順協天佑聖皇后邵氏而恭肅端順榮靖皇貴妃亦塟天壽山端順賢妃恭惠和妃和惠靖妃莊靖順妃端榮■妃莊懿德妃靖順惠妃貽順麗妃端僖安妃恭懿敬妃懷榮賢妃靖僖榮妃俱塟金山嘉靖祀典

孝貞王皇后上元人中軍都督贈阜國公鎮之女正德十三年二月崩名山藏

孝穆皇后紀氏孝宗生母也初塟金山孝宗卽位遷合塟孝惠皇后邵氏興獻帝生母也初塟金山世宗卽位遷合塟十四妃一塟陵之西南餘俱塟金山廢后吳氏亦塟金山國朝典彙

孝穆紀太后賀人本蠻土官女成化十一年六月暴薨

孝惠邵太后昌化人父林嘉靖元年崩名山藏

憲宗初選吳氏旋廢則元配爲孝貞后王氏而孝宗生母爲孝穆后紀氏同祔茂陵葢循用裕陵新例至嘉靖入纘則憲宗貴妃邵氏已稱壽安皇太后尋崩初塟金山後亦遷祔茂陵於是三后並祔又從此始野獲編

程敏政望茂陵詩茂陵宮殿鬱參差已近先皇發引時上界鸞聲應載道北山龍脉又分支遙遷九室藏新主會遣千官奉節祠慚愧十年叨講幄一言無補髮如絲篁墩集

薛蕙謁茂陵祀孝貞太后詩一棄東朝養千秋不復歸夜臺長寂寞月殿少光輝野露棲金盌山風動玉

衣茂陵多碧草春日自芳菲 西原集

孝宗敬皇帝陵曰泰陵在茂陵之西 燕都游覽志

泰陵在史家山距茂陵西少北二里自茂陵碑亭前分西爲泰陵神路路有石橋五空賢莊灰嶺二水逕焉碑亭北有橋三道皆一空制如茂陵榜曰泰陵碑曰大明孝宗敬皇帝之陵垣内及冢上樹百餘株存御座御案御榻各一承塵皆五色花板多殘缺而茂陵泰陵獨完 昌平山水記

弘治十八年六月營泰陵于天壽山勑太監李興新寧伯譚祐工部左侍郎李鐩提督發五軍等三營官軍萬人供役 武宗實錄

初建泰陵都下盛傳其地有水吏部主事楊子器直言

其事時督工太監李興有殊寵勢熖薰灼遂下楊錦衣獄莫敢救者適起復知縣丘泰莆田人到京上疏言子器此奏甚有益蓋泰陵有水通國皆云使此時不言萬一梓宮塟後有言者欲開則洩氣不開則抱恨終天今視水有無此疑可釋請遣司禮監太監蕭敬押楊往衆謂必遭興毒手及至興率奴客詈罵楊欲箠之蕭敬曰水之有無視之立見何必爾又顧興曰士大夫可殺不可辱也遂得免既回奏無水衆又謂楊必死事傳禁中太皇太后聞之曰無水則已何必罪之遂得還職 九朝野記

泰陵塟孝宗建天明道誠純中正聖文神武至仁大德敬皇帝孝康靖肅莊慈哲懿翊天贊聖敬皇后張氏 嘉

靖祀典
孝康張皇后興濟人父巒都督同知壽寧伯贈昌國公
嘉靖二十一年八月崩 名山藏

何景明謁泰陵詩世切如雲望天摧格帝功彌留念
諸將顧命托三公玉几星辰上元宮霜露中松楸慟
哭地白日起悲風 大復集

徐禎卿長陵西望泰陵作新宮猶靄靄白露已蒼蒼
詎識神靈遠徒悲劍舄藏陰風連大漠落日照漁陽
稽手攀松栢雲天灑淚長 廸功集

邊貢供事泰陵有述像設徒虛備龍游竟不還勳華
留率土精爽寄空山石錮金泉黝雲棲碧殿殷寢園
如種竹應有淚成斑 華泉集

又望陵詩徙倚東峯下西陵望鬱然元宮深閟日玉
座迴浮烟風雨清明候乾坤正德年攀龍無處所空
有淚潺湲憶在先朝日曾沾侍從恩鑾輿歸寂寞鳳
質儼生存夕日昏阡樹春風長澗蘩祠官如可乞長
奉泰陵園 同上

顧璘詩松栢西陵路詞臣仗節來衣冠瞻漢寢弓劍
拜軒臺細雨春山濕明星曉殿開年年揮淚地不見
長蒼苔 息園集

王謳望泰陵詩寡昧慚稱散休明憶聖朝風雲猶鬱
鬱松栢自蕭蕭弓劍仙原閟謳歌帝德昭放勳如可
作直欲贊神堯 彭衙集

何瑭望泰陵作泉扃一自掩重關惆悵龍髯不再攀

絳節定應歸帝所翠華無復到塵寰亂峯殘照元[illegible]哭哀草寒烟石獸閒載筆小臣凝望久玉樓瑤殿倚空山 何文定公集

王衡詩九原何處不蒼涼弓劍橋山泣孝皇警夜燎光承委珮當關午漏下封章翠旗風雨歸華表玉几星辰照未央千禩泰陵坏土濕登臺北望一沾裳 緱山集

武宗毅皇帝陵曰康陵在泰陵正西田大受謁康陵記曰康陵西去紅門三十里十二陵中最僻遠者陵背負五峯形如青菡萏舊名蓮花山灌莽陰森望之不見上石長松大者至數十圍 燕都游覽志

康陵在金嶺山距泰陵西南二里自泰陵橋下分西南

爲康陵神路山勢至此折而南故康陵東向路有石橋五空錐石口水逕焉又前有石橋三空制如泰陵榜曰康陵碑曰大明武宗毅皇帝之陵明樓爲賊所焚垣內外樹二三百株 昌平山水記

康陵葬武宗承天達道英肅睿哲昭德顯功宏文思孝毅皇帝孝靜莊惠安肅溫誠順天偕聖毅皇后夏氏嘉靖祀典

二妃葬金山 國朝彙典

孝靜夏皇后上元人父儒封慶陽伯嘉靖十四年崩名山藏

馬汝驥望康陵詩康陵接泰陵西極紫雲層暮倚金門栢秋攀玉殿藤地靈原有待天壽豈無憑灑淚還

隹節龍髯不可攀 西元集

王健上陵詩玉帛來天府衣冠去國門萬年周典禮七葉漢陵園月擁元宮迥星依紫極尊翠華如在上瞻切五雲屯 鶴泉集

張孚敬康陵陪祀作至日康陵上初封土未乾君臣原一體瞻拜亦多官清路旌旗斷空山草木寒去年當此日猶未返長安 羅峯集

顧夢圭謁康陵詩早霧籠山暝新松匝殿稠三邊餘武烈八駿想神游花萼皇情遠衣冠歲事修傷心大官酒猶得獻千秋 疣贅錄

王世懋夜出康陵作石瀨苦頻涉巖巒却屢登寒星動飛澗斷樹出疎燈不辨元宮色猶瞻紫氣層行行

一回首寂寞問康陵 王奉常集

世宗肅皇帝陵曰永陵在長陵東南享殿前後凡五重墻內外皆植栝子松祾恩殿後之左有松卧而復起西嚮三折而始上寶城頂有杏有桑 燕都游覽志

永陵在十八道嶺嘉靖十五年改名陽翠嶺距長陵東南三里自七空橋北百餘步分東為永陵神路長三里有石橋一空有碑亭一座如獻陵而崇鉅過之碑亭南有石橋三道皆一空門三道門內東神厨五間西神庫五間重門三道東西二小角門又進復有重門三道飾以石闌累級而上方至中堦殿七間兩廡各九間其平刻左龍右鳳石闌二層餘悉如長陵殿後有門兩旁有垣垣各有門明樓無甬道東西為白石門曲折而上樓

之三面皆爲城堞榜曰永陵碑曰大明世宗肅皇帝之陵享殿明樓皆以文石爲砌壯麗精緻長陵不及也寶城前東西垣各爲一門門外爲東西長街而設重垣于外垣凡二周皆屬之寶城其規制特大 昌平山水記

永陵葬世宗欽天履道英毅聖神宣文廣武洪仁大孝肅皇帝孝潔恭懿慈睿安莊相天翊聖肅皇后陳氏孝烈端順敏惠恭誠祇天衛聖皇后方氏孝恪淵純慈懿贊天開聖恭順皇后杜氏 芹城小志

孝潔陳皇后元城人父萬言都督同知封泰和伯嘉靖七年十月崩初謚悼靈皇后以其年別葬襖兒谷久之改謚孝潔穆宗即位遷葬永陵孝烈方皇后江陵人父都督銳封安平伯嘉靖二十六年宮中火后崩孝恪杜

太后大興人慶都伯林女嘉靖三十三年薨 名山藏

嘉靖十五年作壽陵君即位爲禪禮也壽宫在十八道嶺 今言

孝潔皇后陳氏初葬襖兒峪隆慶初遷合葬繼后方氏葬金山孝恪皇后杜氏穆宗生母也初葬金山隆慶初遷合葬二十六嬪惟五妃葬襖兒峪餘俱金山 國朝典彙

世宗元配爲孝潔后陳氏繼曰孝烈后方氏上以方氏有定變衛護功其崩也梓宫先入永陵元宫又特祧仁宗以孝烈神主入太廟比穆宗登極遷孝潔梓宫與孝烈並祔而上生母爲孝恪后杜氏亦遷祔焉永陵亦有三后同穴一如茂陵故事矣 野獲編

嘉靖十五年禮部部諸臣上言帝后合葬諸妃陪葬古今經常之制英宗皇帝遺詔皇妃他日宜合葬惠妃亦當遷來以後諸妃次第祔葬聖訓具在今會典止載睿皇后錢氏合葬裕陵諸妃竟無陪葬者茂陵亦無陪葬莫考其故臣等竊以諸妃陪葬義則不當由隧宜于外垣之內寶山城之外明樓之前左右相向以次而祔庶合禮制從之 嘉靖祀典

公鼐謁永陵詩帝座明江漢河清應聖人規模千古上制作百王新弓劍瞻遺像風雲想舊臣桃花流磵壑長見永陵春 問次齋稿

何喬遠謁永陵詩嗣服推眞主垂衣數中興龍飛三楚外鳳起五雲層英武天將縱聰明古未曾文思多

自渙威惠乃無恒議禮臣工屈箴心聖哲能居深三殿秘坐致萬方澄龍首朱堂建具茨法駕登夜飛陳寶石青映壽宮燈名昔張祖達聲終顏駟騰 自注先臣以貢士射策蒙永陵親擢 私門哀卞璧萬姓泣橋陵甲楯神猶護松楸涕倍增中宵天仗外明月滿觚稜 鏡山集

穆宗莊皇帝陵曰昭陵在定陵之南東向 燕都游覽志

昭陵在大峪山距長陵西南四里曰七空橋北二百許步分西爲昭陵神路長四里路有石橋五空德勝口水遶焉又西有石橋一空陵東向碑亭西有橋三道皆一空餘如康陵榜曰昭陵碑曰大明穆宗莊皇帝之陵明樓爲賊所焚樹亡 昌平山水記

昭陵塋稱宗契天隆道淵懿寬仁顯文光武純德弘孝莊皇帝孝懿貞惠順哲恭仁儷天襄聖莊皇后李氏孝安貞懿恭純溫惠佐天弘聖皇后陳氏孝定貞純欽仁端肅弼天祚聖皇后李氏芹城小志

孝懿李皇后昌平人德平伯銘女以世宗三十七年薨于裕王邸孝安陳皇后大名人萬曆二十四年崩名山藏

趙用賢陪祀昭陵紀事瑤臺晴雪淨春空劍珮聲沉苑路東霜露每煩憂聖主貂璫無復肅齋宮通原燎火分宵白拂樹霓旌映曉紅寂寞翠華惟望幸空餘金粟鳥呼風松石齋集

黎邦琰昭陵詩松楸鬱鬱鎖崔巍寂寞春山帳殿開鸞輅恍從霄漢下龍宮深注夜濤廻虛疑銀海羣鳧洛無復瑤池八駿來六載垂衣歌聖澤攀髯何限鼎

湖哀嶺南文獻

神宗顯皇帝陵曰定陵在康陵之南東向田大受謁陵記曰踰椽子嶺而北是為定陵燕都游覽志

神皇壽宮皆種栝子松湧幢小品

定陵在大峪山距昭陵北一里自昭陵五空橋東二百步分北為定陵神路長三里路有石橋三空陵東向碑亭東有橋三道皆一空制如永陵其不同者門內神廚庫各三間兩岸各七間三重門旁各有墻墻有門不升降中門之級殿後有石闌一層而寶城從左右上榜曰定陵碑曰大明神宗顯皇帝之陵殿廡門為賊所焚樹

昌平山水記

定陵葬神宗範天合道哲肅敦簡光文章武安仁止孝顯皇帝孝端貞恪莊惠仁明媲天毓聖顯皇后王氏孝靖溫懿敬讓貞慈皇后王氏 芹城小志

葉向高謁定陵詩康衢何處不歌謠五十年來荷帝堯泰運正當熙洽會乾坤獨攬聖明朝風傳天語來三殿日麗宸章下九霄漫說深宮娛晚歲憂勤睿慮總會消一望陵京氣鬱葱蕭蕭松柏起悲風長留日月光元壤更借烟雲護寢宮彷彿羣華馳道裏凄凉清蹕夢魂中傷心最是攀髯日猶有微臣抱帝弓 蒼霞草

朱國祚謁定陵有感流乞歸自放潞河船息偃江湖

二十年往事句臚成夢寐重來弓劍莫攀緣要知孝爲慈闈盡誰道恩從貴戚偏猶記南宮封事入聽言終似轉圜然 自注國祚因請冊立東宮劾及鄭國泰先皇不之罪終如所請 介石齋集

光宗貞皇帝陵曰慶陵在裕陵西南俗傳爲景泰窪是也先是景泰中建爲壽宮英宗復辟景皇帝遂葬西山之麓陵址遂虛光宗上賓旣速倉卒不能擇地乃用此爲陵 芹城小志

景皇帝臨御日自建壽陵尋毀之 華泉集

邊貢過壽陵故址詩玉體今何所遺墟夕靄凝寶衣銷野燐碧瓦蔓溝藤成戾崩年謚恭仁葬後稱千秋同一毀不獨漢唐陵 同上

虞淳熙景泰窪詩合沓衆山轉鴻溝界危岡貞松心不移偃葢覆神堂欲蛻龍爲魚千古以慨慷土木骨縱横魂來關塞長君王奠蘋足太史筮苞桑宗廟救淪喪朱火寒有光迎駕誼何篤覆轍戒難忘豈無延陵心重爲亡國傷宫門一以奪羨門竟迷方舉冢易黄屋蓬顆西山傍杜宇啼舊垗纖烏集野棠坤維幸勿絶一窪得新藏靈表扶九宫何必厰陰房碧血障胡塵芊芊白草芳高睇歌大招涕泗灑衣裳 德園集

天啟元年禮部左侍郎署尚書事周道登疏言昭陵舊制祾恩殿正當龍砂之上形家謂龍砂不可損傷有謂獻陵享殿亦在龍砂之外今營建規制原倣昭陵而斟酌地勢兼叅獻陵 熹宗實錄

陵寢有後殿中殿前殿重門相隔有爲門之樞紐者曰銅管扇冶鑄甚艱舊例責内侍監造時因慶陵擇定九月初四日奄窆内侍以期太迫再四規避工部尚書劉臣萬爆董其事甫一月而功成 陵工紀事

慶陵在天壽山西峯之右距獻陵西北一里自裕陵神路小石橋下分東北爲慶陵神路長二十餘步有橋一道一空制如獻陵平刻龍鳳殿柱餙以金蓮殿無後門殿後繚以垣門一道門北有橋三道皆一空其水自殿西下殿門西又有一小橋爲行者所繇殿北過橋有土岡自東而來至神路而止岡後周垣門三道如獻陵寶城東西直上至中復爲甬道而入榜曰慶陵碑曰大明光宗貞皇帝之陵殿門前及垣内樹五百株 昌平山水

記

慶陵藴光宗崇天契道英睿恭純憲文景武淵仁懿孝貞皇帝孝元貽懿哲惠莊仁合天弼聖貞皇后郭氏孝和恭獻温穆徽慈皇后王氏孝純淵靜慈肅皇后劉氏芹城小志

上諭禮部朕惟慶源有自禮必隆于所生孝思永言施必繇於親始典關教化義重彝倫章憲俱存肇稱宜亟我聖妣貞靜賢妃芬降華宗躬膺令德徽音夙稟于女史婉懿早著于青蒲在昔皇考毓我弟昆葢華萼共輝于連枝而顧復各勤于離裏我皇兄纂承祧之重既篤于濬源逮眇躬荷世及之庥亦深于惓慕欲酬罔極宜備追崇正儷體之鴻稱舉還祔之上典爾禮部其會官詳議以聞於是尊謚聖母孝純淵靜慈肅毗天鍾聖皇后祔藴慶陵崇禎遺錄

葉向高謁慶陵詩諒闇無語正憂冲令旨俄傳出禁中榷使總收歸大內軍儲先遣給遼東衣裳垂處乾坤定閶闔開時雨露通功德史臣書未盡萬年長在口碑中傷心何處叩天閽遙肅衣冠拜寢園地近長陵浮王氣山環原廟儼徽垣梧丘誰灑湘君淚杜宇空悲望帝魂慚愧温綸當日下巨時無計答深恩蒼霞草

朱國祚恭謁慶陵作講幄頻趨鶴籞深重來就日憐棠陰十年始受東朝冊一月眞傾下士心視榷盡收中使節拔沙罷採卯人金最愁日曆書難既龍去烏

號澌不禁秋卜纔宣三殿麻深宮遽晏五雲車輦微色映長陵樹金粟堆開景帝塋北去重關遮鳥道西來一水抱龍沙白浮村下園官近未夏雕盤已薦瓜介石齋集

熹宗悊皇帝陵曰德陵在永陵之東北即永陵之虎沙也陵獨西向與昭定二陵相對旁有竇禹錫手植槐燕都游覽志

德陵在潭子峪距永陵東北一里自永陵碑亭前分北爲德陵神路陵西南向碑亭前有橋三道皆一空制如景陵平刻龍鳳殿柱飾以金蓮殿無後門榜曰德陵碑曰大明熹宗悊皇帝之陵殿樓門亭俱黃瓦昌平山水記

德陵塟熹宗達天闡道敦孝篤友章文襄武靖穆莊勤悊皇帝芹城小志

懿安皇后張氏性賢明魏璫誅僇朝士后聞楊左諸君子死色不豫者累月李自成入犯思陵將殉社稷傳旨後宮令自裁時周皇后及貴妃宮嬪之承寵者皆遵旨畢命獨長公主年尚幼未奉詔帝怒拔刃斫其臂公主仆地而宮監王永壽方從懿安皇后宮至白帝曰懿安皇后業縊死宮中矣帝乃走煤山自經當魏忠賢柄國時有養女任氏美而狡進之熹宗立爲貴妃及賊入宮任僞曰我天啟皇帝后也賊不敢犯旣而流轉民間或送于官永壽從旁竊窺之曰此任貴妃也貴妃睨永壽而發頳旋閉目如不聞見者永壽終亦不敢置訐也永

壽事熹宗不入魏黨甲申寇亂後削髮爲僧往來西山間談及故宮事輒語人云菊隱紀聞

吳惟英長陵道中望德陵詩 一望長陵路幾盤葱青秀色馬頭看烟嵐掩映依元隧松檜逶迤擁翠巒梧野乍含秋氣肅鼎湖遥帶夕陽寒神孫咫尺龍升處惆悵臨風淚不乾墨譽齋集

鹿馬山有田貴妃墓南距西山口一里崇禎壬午妃薨葬此遣工部左侍郎陳必謙等營建未畢而都城失守賊以帝后梓宮至昌平州士民率錢募夫葬之田妃墓內移田妃于右帝居中后居左以田妃之槨爲帝槨斬蓬藋而封之門外右爲司禮太監王承恩墓以從死祔焉昌平山水記

順天府昌平州署吏目事省祭官趙一桂爲開壙捐葬崇禎先帝及周皇后共歸田妃寢陵事恭照明陵坐當昌平州天壽山卑職於崇禎十七年正署州捕適際都城陷没故主縊崩至三月二十五日順天府僞官李紙票爲開壙事仰昌平州官吏即動官銀僱夫速開田妃壙安葬崇禎先帝及周皇后梓宮四月初三日發引初四日下葬毋違時刻未便彼時州庫如洗監葬官禮部主事許作梅因葬主限迫亦再三躊躕卑職與好義之士孫繁祉白紳劉汝朴王政行等十人共捐錢三百四十千僱夫啟閉其壙中隧道長十三丈五尺濶一丈深三丈五尺督修四晝夜至初四日寅時始見壙宮石門用拐釘鑰匙推開頭層石門入內香殿三間陳設祭器

中有石香案兩邊列五色紬緞侍從宮人生前所用器物衣服俱在大紅箱內盛貯中懸萬年燈二盞殿之東間石寢牀一座鋪設裁絨氈上疊被褥龍枕等件又開二層石門入內通長大殿九間石牀長如前式高一尺五寸潤一丈田妃棺槨即居其上初四日申時後故主靈到即停于祭棚內陳猪羊金銀紙劄祭品同衆舉哀祭奠下葬甲職親領夫役入壙宮內即將田妃移于石牀之右次將周后安于石牀之左後請崇禎先帝之棺居于正中田妃葬于無事之時棺槨俱備監葬官輿甲職見故主有棺無槨遂將田妃之槨移而用之三棺之前各設香案祭器畢甲職親手將萬年燈點起遂將二座石門關閉當時掩土地平尚未立塚至初六日率捐

葬鄉者等祭奠號泣震天逾時方止甲職差人傳附近西山口地方撥夫百名各備揪掘筐擔昇土築完甲職同生員孫繁祉亦捐資五兩買磚修築周圍塚墻高五尺有奇幸清朝定鼎特遣工部復將崇禎先帝陵寢修建香殿三間羣墻一週使大明故主不致淪沒於荒郊君后升遐猶享血食于後世雖三代開國不逾是也計開劉汝朴錢六十千王汝朴錢五十千白紳錢三十千徐魁錢三十千李失名錢五十千鄧科錢五十千趙永健錢二十千劉應元錢二十千楊道錢二十千王政行錢二十千蕭松錄

按思陵葬日仁和龔光祿佳育流寓昌平地

宮例書某帝之陵合以石版版奉安梓宮之前

時倉卒不及礱石以甎代之朱書大明崇禎
皇帝之陵銘之以鐵乃光祿所書也光祿嘗
爲予言壙始開入石門地甚濕其中衣被等
物多黦黑被止一面是錦繡餘皆以布長明
燈油僅二三寸缸底皆水其金銀器皆以鉛
銅充之當時中官破冒良可憾也

思陵碑亭南北四丈八尺東西如之宮門三距亭十一步階三惟中門有棟宇廣二丈四尺修三丈饗殿距門十三步階三無臺殿三楹廣七丈二尺修四丈二尺內香案一青琉璃五器全設一神牌高二尺五寸石青地雕龍邊以金泥之題曰大明欽天守道敏毅敦儉弘文襄武體仁致孝莊烈愍皇帝中楹爲煖閣長槅六扇中

供木主三中則莊烈愍皇帝左則周后右則田妃外俱用櫝冒之周后神主題曰大明孝敬貞烈慈惠莊敏承天配聖端皇后田妃神主僅存恭懿二字餘被人磨去矣配殿三楹俱黑瓦殿前大杏樹一株靈寢門三距殿址四步穴墻爲門中廣二丈四尺修一丈二尺旁則戶矣明樓距門十一步不起樓階四中開一門左右夾牕二碑石廣一丈六尺修六尺雕龍方座高丈許題曰莊烈愍皇帝之陵石几距樓十步長五尺博二尺几前石器五俱高八尺方式雕龍中一方鼎與諸陵異皆列在地寶城距几甚近無城周廻用墻高六尺中以石灰起冢高四尺繚以短墻左松八株右松七株 肅松錄

廿中四月客雲副將張威率所部兵至昌平城下繫血

書于矢射城中於是生員孫繁祉同鄉官王廷授舉人楊春茂監生白紳生員楊應震毛應元鄉民白希顏等倡義減于五月朔日攻城城中響應自卯至午與賊戰斬級百餘生擒賊一百二十名墜城死者無算奪騾馬六十四匹隨于次日同赴長陵祭奠縛賊渠李道春周祥磔之以偽官劉愷澤等四人獻俘于崇禎皇帝陵墓之側亦磔之具文哭奠焉 同上

御馬監太監王承恩順天人大同告陷上命承恩提督京營內外軍務居督府之上三月十八日夜承恩執鎗隨駕奪門不得出還至萬歲山下從上對縊于巾帽局而死王之心者舊司禮監掌印太監亦順天人甲申二月廷議助餉衆言之心富甚家藏銀三十萬時之心閒

住已久上即日召諭之之心以家計消乏為辭次日進銀一萬兩洎李自成入繫之搜掠銀十五萬餘以未足三十萬之數拷掠至死他書有言之心自殉者故詳其實附志于此又有言殉難為王之俊者益謬之俊於甲申冬同曹化淳共證偽太子事丁亥四月乘馬于道人猶見之傳說之譌如此 甲申傳信錄

按思陵從死內臣有云王之臣者陳方策京師塘報是也有云王之俊者徐艮光都門見聞小紀馮夢龍甲申紀聞暨燕都日記是也有云王之心者程源孤臣紀哭陳濟生再生紀畧李遜之三朝野史及闖賊犯北罪狀北變紀事等書是也其云王承恩者許自俊甲

乙彙畧劉尚友定思小紀吳邦策國譚忠姦實錄暨破夢閒譚國變錄等書是也崇禎遺錄謂王之俊納銀千賊得免夾死而王之心者縊死于家傳聞各異而

世祖章皇帝有諭祭王承恩墓文故采錢秀才士覲所記而附著所聞焉

長陵獻陵裕陵茂陵慶陵俱癸山丁向景陵永陵俱艮山坤向泰陵壬山丙向康陵辛山乙向昭陵乾山巽向定陵戌山辰向德陵甲山庚向思陵子山午向 蕭松錄

長陵有東西二井東井在德陵東南饅頭山之南西向西井在定陵西北東向並重門門三道殿三間西廡各三間綠瓦周垣會典言長陵十六妃從葬位號不具其曰井者葢不隧道而直下也自英宗止宮人從葬於是妃墓始各其在陵山內者昭陵之左九龍池南爲蘇山有萬貴妃之墓東向憲宗妃也又南爲銀錢山有鄭貴妃暨二李劉周四妃之墓南向神宗妃也又南爲嶼兒峪有四妃二太子墓中閻妃王妃左馬妃次左哀冲太子右楊妃次右莊敬太子世宗妃太子也又南爲悼陵東南向孝潔皇后陳氏初謚悼靈葬此世廟崩遷永陵而其封兆尚存旁有沈文盧三妃之葬至今猶曰悼陵云東山口迤東有劉惠妃墓英宗妃也又東八里綿山有靳獻王滕懷王墓仁宗子也凡陵及妃嬪諸王之葬及上所御殿其外垣皆塗以紅土 昌平山水記

十二陵各有宰牲亭祠祭署朝房神馬房果園神宮監

又各有衛領左右中前後五千戶所主率領軍士防護陵寢其公署皆在州城　同上

方新神宮監作神功倚陵麓虛曠自天開翠嶺鈎簾入晴雲蓮檻來三關夌朔漠萬井俯燕臺行殿靈旗動依稀玉輦廻　定溪集

長陵果園在神仙洞北獻陵園在州南門外少西景陵園在山北裕陵園在景陵園西茂陵園在大松園西泰陵康陵園俱在大紅門永陵園在神仙洞前昭陵園在西山口定陵園在州西門外御路西慶陵園在白浮村德陵園在州西門迤南　肅松錄

長陵獻陵俱在渤海所景陵廠在葦村裕陵泰陵廠俱在懷柔縣茂陵永陵昭陵定陵廠俱在密雲縣康陵廠在紅川栁溝慶陵廠在平谷縣德陵廠在薊州盤山　同上

凡祭清明中元冬至以太牢國初遣太子親王其後遣大臣行禮　昌平山水記

舊制以中元節祀陵往往遇雨河流汎漲每苦漂溺迨嘉靖十五年世宗始改定清明霜降二大祭著爲令然後人無阻溺之憂　燕都游覽志

唐制二月八日及生日忌日公卿朝拜諸陵又有忌日行香于京城宮觀至宋猶有宮觀行香之禮漢唐以來諸帝升遐宮人無子者悉遣詣山陵朝夕具盥櫛治衾枕事死如生本朝國忌上陵及內殿有祭無行香宮觀之禮諸陵惟中官灑掃不遣宮女皆前代所不及也　穀

減山房筆塵

魏學禮大祀山陵賦萬曆庚辰歲皇帝將有事于山陵宗伯以故事請曰展陵視寢永昭孝思毎帝嗣統則斯禮稱焉主上光紹鴻極八載于兹矣爰修縟典仰答神靈帝其念哉帝曰俞是惟朕衷厥俟典禮卜日考儀則秩宗其視厥載徃欽哉乃以季春十有二日聖駕夙蹕兩宫聖母暨中宫皇后及諸嬪妃咸輿以從再越日肇稱祀典長永昭獻景裕茂泰康九陵及章皇后景皇帝陵厥明上奉兩慈宫以旋后妃從詰朝而還宫禮也臣伏睹曠儀思揚洪美惟昔何承天有上陵篇未足以極其致乃造斯賦以仰頌萬一云爾其辭曰皇明開天垂禩萬葉誕此神聖茂隆昌

業紹九帝以駿弘邁三代而光輩逮垂衣之八載將展祀乎山陵思神靈之在天超埃壒而崇登峻皇龐之巍峙實玉體之是憑悵儀刑之莫覿抒遐思而靡勝于是命秩宗稽懿典詢太卜戒雲輦建行宫以待莅兮運嘉木以經營覆善土以清路兮望馳道之允平肅九門之環衛兮屬元侯之上卿拱淵穆之宸居兮夾萬雉之朱城乃吉日之既届兮鑾輿夙以啟行闢長安之左扉兮歷輔權與璣衡炳瑶暉于泰階兮睹斗緯之清明蔚戈鋋之先導兮抗霞采之幢旌錯五色以成章兮卷蜚飈而縱横玉輅耀以蘢麗兮儼曲蓋之葱蒨識鹵簿之威儀兮陽義升而霧散兩宫皇母暨厥后妃東華東安宛見翟翬彼羣嫗之捧乘

兮棨綵裾之菲菲紛翼侍之服御兮載掩霤而交輝從官前行居守趨送駕次輦華翩蹮翠鳳旣侍膳于慈闈朝昌平之羣衆詔奉車使馭蹕兮屯六師之如雲虎旅集其警嚴兮刁斗遠其相聞厥明至于天壽兮翠華弭于感思惟詰旦以行祭兮詣長陵以停綏御青袍以對越兮燎芳芬以焱吹列鼎俎與簠豆兮獻桂酒以陳辭思雄武之御世兮極神謨之飛宕控九宇以張弛兮齊弘功于肇創都燕甸以撫夏兮掃沙漠之翠帳振長筭以詒後兮愷神明以開亮惟聖智之建始兮緊繁祉之錫貺祭竟徹牲百官旣出更設酒脯內祀靜謐兩宮中宮拜起齋栗聿愛敬之咸盡昭內外之若一惟永昭之二陵實肅莊之元殿爰自仁而率親亦如儀而躬薦獻景裕茂以及泰康章后景帝奕葉重光八陵迢遞親禋不遑乃遣官以代祀僉縟文之是詳覯聖制之有奕兮循弘愷之彝章肆經緯乎天地兮亦符協乎陰陽式遄發以還闕兮朝百辟于明堂衍宗祊于萬載兮享血食以孔長纘祖德以恒思兮流祚慶于無疆荷天命之彌篤兮永丕式于四方 長林片集

石琊天壽山詩銀峯翠壁峙諸孫嶽勢雄開祖宅尊關塞正當山右臂風雷近接海西門龍過古澗多成雨虎撼長松半出根隱隱五陵佳氣在欲攀弓劍泣深恩 熊峯集

昝應埈朝陵詩本朝宮寢居庸北百二河山枕上都

隧道陰陰連大漠金輿寂寂閟蓬壺天留碣石爲華表水遶桑乾作鼎湖欲寫神功鐫峰頌窮崕絕壁倚天孤 蘭嵎堂集

梁有譽謁陵眺望詩淸秋霜露肅祠官帝里山川此鬱盤上谷風塵通大漠居庸紫翠落層巒七陵松檜金鋪暝萬壑鐘流玉殿寒香霧濛濛瞻靈蹕星辰還仰太微看 蘭汀存槀

環天壽山凡十口自大紅門東三里曰中山口又東北六里曰東山口距州東門八里有樓南北二座三層又北而西十里曰老君堂口距景陵北二里又西十五里曰賢莊口距泰陵北五里又西三里曰灰嶺口又西南十二里曰錐石口距康陵東北二里三口並有垣有水

門又南十二里曰鴈子口距康陵西北三里又西南三里曰德勝口距九龍池四里有垣有水門又東南十里曰西山口距悼陵南二里有小紅門距州西門八里又東二里曰榨子口距大紅門三里凡口皆有垣陵後通黃花城 昌平山水記

日下舊聞卷三十四終

日下舊聞卷三十四補遺

京畿十

永陵成世宗登陽翠嶺顧謂工部臣曰朕陵如是止乎部臣倉皇對曰外尚有周垣未作乃築垣諸陵所無也後定陵效之 北游紀方

崇禎十五年七月癸未皇貴妃田氏薨輟朝三日十七年正月壬子葬皇貴妃田氏 國榷

思陵既殉社稷福藩在金陵上尊謚曰思宗紹天繹道剛明恪恭揆文奮武敦仁茂孝烈皇帝尋又改謚毅宗唐藩在閩又改謚威宗至本朝初謚曰懷宗端皇帝後乃更謚曰莊烈愍皇帝 白頭閒話

思陵神牌高二尺五寸石青地雕龍金字書大明欽天守道敏毅敦儉弘文襄武體仁致孝莊烈愍皇帝其神主則書大明懷宗欽天守道敏毅敦儉弘文襄武體仁致孝莊烈端皇帝神主之左爲周后主上書大明孝敬貞烈慈惠莊敏承天配聖端皇后右爲田妃主上書恭淑端慧靜懷皇貴妃主俱長不滿尺白櫝冒之 北游紀方

欞星門北五空橋南山坡號蘆殿坡當時祭陵以蘆席作殿以息羣工執事者 同上

諸陵神宮監軍巡山軍巡邏軍夜不收軍黃土軍行宮軍天橋軍圮坟軍本戸軍御馬監軍御女軍朝房看料軍金錢山軍并悼陵軍李貴妃墳軍共六千二百四名 兩朝從信錄

天壽諸陵相傳夜夜分時有神燈出宮娥引駕以行神宮監多望見之虞吏部淳熙詩云香烟遥接白雲平原上金燈夜夜明山鬼蘿衣挽秋駕青冥有路不教行蓋紀其事也黄圖雜志

蔣山後龍母莊東一里有竇禹錫植槐空腹中可設案羅坐八人翠微志

竇氏植槐在景陵瓜園中順治四年伐去燕都游覽志謂在德陵旁者非也北游紀方

泰陵金井內水孔如巨杯水仰歕不止楊名父親見之歸而疏請朝請易地事下工部湯滄李司空鐩怒其多言害成功陰令人塞其孔以誹謗狂妄奏命錦衣官校押名父赴陵所驗看名父身親三木朝辭賦詩云禁鼓

無聲曉色遲午門西畔立多時楚人抱璞云何泣杞國憂天竟是癡群議已公須首實衆言宮不發但心知殷勤爲問山陵使誰與朝廷決大疑其志亦可憐矣孝廟聖體竟葬此中言之可爲寒心李司空居官風采凜凜晚年尤剛勁不阿獨此一事不愜人意無用閒談

永陵寶城八十一丈外加方墻圍護特異諸陵朱文懿公奏議

大峪山壽宮寶城左至龍山脚下澗溝計四十丈五尺右至西井界域計四十丈五尺總計八十一丈同上

明諸陵犯前代陵名者匪一太祖曰孝陵與後周武帝同也成祖曰長陵與漢高祖魏孝文帝同也仁宗曰獻陵與唐高祖金穆宗同也宣宗曰景陵與魏宣武帝唐

憲宗金睿宗同也英宗曰裕陵與金顯宗同也憲宗曰茂陵與漢武帝同也孝宗曰泰陵與唐元宗金肅宗同也武宗曰康陵與漢平帝東漢殤帝後晉睿祖宋順祖南漢劉龑同也世宗曰永陵與南唐徐知誥蜀王建金世祖同也穆宗曰昭陵與後周明帝唐太宗南漢劉晟同也神宗曰定陵與孫吳景帝魏孝明帝後周宣帝唐中宗宋翼祖金景祖同也光宗曰慶陵與唐元昭后後唐德祖後周世宗遼聖宗興宗道宗同也熹宗曰德陵與南漢劉隱金宣宗同也莊烈愍皇帝曰思陵與金熙宗同也又興獻帝曰顯陵與前凉張重華後晉高祖遼世宗義宗同也昔宗徽宗梓宮從北還宰臣上陵名曰永固王性之以犯後魏明帝後周文宣二后陵名高宗特下秘書省參攷蓋陵名相犯前代固多不避然使不同舊稱亦存乎考禮之臣多學博識爾 裘杼樓叢說

長陵祠祭署建于神宮監之南中爲公座左右小房前爲署門永樂七年建獻陵祠祭署建于宰牲亭左中爲公座左右楹爲官舍前爲門洪熙元年建景陵祠祭署建于宰牲亭右中爲公座後爲官舍前爲門宣德十年建裕陵祠祭署建于宰牲亭左中爲公座左右楹爲官舍前爲門天順八年建茂陵祠祭署建于宰牲亭左制如裕陵成化二十三年建泰陵祠祭署建于宰牲亭左制如裕陵弘治十八年建康陵祠祭署建于宰牲亭左中爲公座後爲官舍前爲門正德十六年建永陵祠祭署建于宰牲亭左制如康陵嘉靖十五年建定陵祠祭

署建于宰牲亭左制如昭陵萬曆十一年建慶陵祠祭署建于本陵橋南向東制如定陵天啟元年建德陵祠祭署建于宰牲亭左制如永陵崇禎元年建 太常記

銀錢山在昭陵之西去九龍池五里萬曆二十五年三月敬妃李氏薨進封皇貴妃謚曰恭順榮莊端靖擇地萬貴妃墳之右悼靈墳之左葬焉 國朝山陵考

嘉靖十七年二月上躬行春祭禮乃改陵殿曰祾恩殿門曰祾恩門 同上

崇禎十五年七月皇貴妃田氏薨加謚冊文曰桂殿承芳輝冠三星之首蘭宮陪秀禮崇六列之先惟昭德于生前宜隆恩于身後爾皇貴妃田氏生有令質早晉榮封麟趾鍾祥式振衍繩之慶雞鳴效警時襄宵旰之勤淑譽方宣遺芳遽掩望帷如在悲空結于璠華辭輦猶聞名應高于彤管欲章懿範宜有褒旌爰稽素履謚爲恭淑端慧靜懷皇貴妃靈其有知尚歆寵渥 山書

日下舊聞卷三十五

京畿十一 順義 密雲 懷柔

順義縣在州東北六十里 明一統志

縣在州東南九十里 昌平山水記

幽州東北三十里有望京館東行少北十里餘出古長城又二十里至中頓又踰孫侯河行二十里至順州 夢溪筆談

幽州東北至順州八十里 續通典

順州至燕京一百十五里 金人疆域圖

秦爲上谷郡地 太平寰宇記

漢爲土垠縣東二十里爲狐奴縣西三十里爲軍都縣 順義縣志

按兩漢土垠屬右北平郡當在今豐潤境內而縣則漢漁陽郡狐奴地也

北齊始置歸德縣屬燕郡後周廢唐開元中移燕州于此仍置遼西縣爲州治 方輿紀要

開元二十五年徙燕州治于幽州北桃谷山 唐書

按此爲幽都縣治

歸順州天寶元年改爲歸化郡乾元元年復爲歸順州 太平寰宇記

唐末爲順州 遼史

遼曰順州歸寧軍又改歸化軍 方輿紀要

宋宣和四年金人以州來歸賜郡名曰順興 宋史

金仍曰順州 方輿紀要

縣二溫陽密雲 金史

元廢縣存州 元史

明洪武二年降爲順義縣 清類天文分野之書

初屬順天府正德八年始屬昌平州 方輿紀要

按明一統志順州之名始自隋然考之隋書粟末靺鞨渠長度地稽內附止云居之柳城而已寰宇記云大業八年爲置遼西郡以統之亦未有隋置順州之文也唐貞觀四年平突厥乃以其部落置順祐化長四州都督府于幽靈之境其時順州僑治營州南五柳戌後又僑治幽州城中寰宇記順州四至八到與范陽同東北至幽州一百二十里則順州乃在幽州之南與今之順義初不相蒙矣至于開元中徙燕州于桃谷山雖今縣地然仍曰燕州繼爲朱滔所滅因廢爲幽都縣終唐之世亦未嘗以順州稱也直至梁乾化三年晉周德威拔燕順州地以順州名見此而五代史職方考後唐一百二十三州順州始在其列此紀地志者所當考也

又按唐書羈縻州一曰順州順義郡一曰歸順州歸化郡一以處突厥一以處契丹寰宇記歸順州南至幽州八十里北至檀州七十五里東至薊州二百一十五里西至嬀州二百里今之順義疑本歸順州歸化郡而非順

州順義郡也
城縱橫四里南昂北俯又東北突出一隅肩臂四折入于河濱宛如龜背形周圍一千一百三十五丈九尺迤堞高二丈五尺濠塹四周深一丈五尺其門南曰迎恩東曰平秋西曰晴嵐北曰疊翠縣志

前代州治爲小城方二里許四隅角樓遺跡尚存至元二年節度使劉瑜建大廳并長廊二十八年知州大興王居政于廳左右構捕盜所吏目幕次復構架閣庫祇候直舍大德七年知州鉅野段廷珪作後廨并東西房皇慶初知州大興梁彦義起儀門高三丈餘翰林學士清河元明善爲之記其驛館至元十八年州倅李讓剏焉梁宜順州公廨記

元明善順州儀門記古者諸侯三門皐門應門路門今之州準古伯子男之國作儀門禮也溫榆水之陽有古城焉曰順州隷大都路地沃而民淳國家罷兵百年涵濡撫育生殖日繁蔚爲饒郡郡城據亢爽地郡廨特當其亢亢有故儀門址至大四年知州事梁君彦義始來明年百廢次第舉民用大和迺謀諸監郡將建岑樓于址僉曰休哉民皆子趨以獻工肇事于皇慶元年秋七月畢工于二年夏六月登其上北望則紅螺峻極雖五十里外若接闌檻東北曰黍谷鄒衍吹律之山也潮潞二水會于白漵經城東而南注吳船來集通元橋下其西南則天都胥漢觚稜金爵隱然鬱葱佳氣之間群情大悅咸曰是不可不著

典建之歲月予太史也書必稽諸典禮俾知今之州準古諸侯之國不爲不重典作制備而從民志則太史喜爲之書 清河集

順義學在縣治西洪武八年重建 明一統志

元梁宜順州廟學記宣聖廟未詳建于何代金明昌初提刑萊州劉仲洙降漕司錢五百千同知州事著作郎狀元夾谷中孚繼出俸金鄉進士馬湘寶鳴道相與翼佐營葺殿廡肖御史中丞孫郎康所寄曲阜石本聖賢像俾繪塑之鑿井於圃廪給生徒欲搆講室未克見泰和元年秘書少監李陽重修記聖元南牧遂毀于兵獨禮殿存焉四無垣墉鞠爲牧場郡人中書右丞贈平章事順國宣靖曹公庭瑞以廟學久

廢爲慮迨至元辛未知州郭幹繕殿之摧漏起東西兩廡殿後監無數尺宣靖公懇寺僧高其價得袤五丈廣倍之知州故福建道宣慰司都元帥段廷珪增塑鄒兖二公貌七十子更爲明倫堂泰定甲子宣靖公之子工部尚書備念繼先志發私帑楮幣而甲匠提舉司達魯花赤郭伯達者士蒲察晉柴惟允共贊之搬神門左右齋學椽居室賓幕庖庫靡不全備仍甃巨井丙寅達魯花赤今監察御史托剌台知州王汝楫以其前阻隘巷乃市地南撤東西通達上作欞星門由是行道之人莫不嘆美丁卯工部公於江浙造銅禮器二百三十事復購經史若干卷宜守是州刊加封大成詔圖十儒像益弟子員劃錢千緡規息

以資朔望祭物但關於祀事教典者悉皆告完

營州左屯衞在縣治東 明一統志

衞本屬大寧永樂元年移于此領左右中前後五千戶所 昌平山水記

順義縣有井一日三溢海潮則大溢相傳源與海通民既其水為渠灌田百畝號曰聖井 燕山叢錄

城內四達之中有白石幢下方上銳每方廣二丈高三尺又上重之八角各高二尺餘刻獅象海馬之形又上為十二闌干為千葉蓮花座又上漸狹漸圓中石心一圍刻佛像千尊外石柱六各盤螭虎四距又上竹節小梲可三尺餘又上荷葉寶蓋二尺餘四門城樓僅與幢

基址平遙望之層層如雲中麾蓋也 昌平山水記

開元寺有唐大曆五年試太子洗馬鄭宣力撰碑 秋澗集

締興寺在縣治西南洪武八年建 明一統志

遼聖宗統和十二年十二月獵于順州西甸 遼史游幸表

王晦字子明澤州高平人貞祐初為戶部郎中以部兵守順州時通州圍急晦攻牛闌山以解通州之圍遷翰林侍讀學士及順州受兵晦誓死不去將士縋城出降被執不屈以死謂其愛將牛斗曰若能死乎曰斗蒙公見知安忍獨生并見殺贈榮祿大夫樞密副使命有司立碑歲時致祭錄其子汝霖為筆硯承奉 金史

福山在縣南五里 縣舊志

孔山在縣南 明一統志

道人谿水南流逕孔山西上有洞穴開明故土俗以孔山稱 水經注

龍山在縣南二十里下有龍泉 明一統志

縣北二十里爲牛欄山山上有洞俗傳有金牛出焉至今洞前石壁爲小槽形名曰飲牛池山北里許有小山昔有仙人騎牛來遊因名靈蹟山宋王曾上契丹事曰順州至檀州漸入山牛欄當其要路也山之東麓潮白二河合爲有龍王廟山之東南爲漕河營有城二門把總一人守之 昌平山水記

遼置牛欄都統領司 遼史百官志

牛欄山本朝改名順義山 明一統志

牛欄山與狐奴山相望其第三峰腰帶間一洞相傳曾有金牛出食禾稼田畯逐之遁入洞穴有投以甎石者輙聞水聲或以物擲之良久自山傍白河浮出其北里許靈蹟山二山一脉前山石身負土後山土身戴石前大後小行人總以牛欄名 長安客話

呼奴山亦名狐奴山 明一統志

縣東北二十五里爲狐奴山水經注水不流曰奴盎以山前瀦澤名也其北麓鳥道而上里許漸濶漸平有寺寺後有小石城山下有龍潭今涸山西南百步有漢狐奴縣址魏文帝黃初二年省 昌平山水記

狐奴縣舊城在縣東北三十里狐奴山西麓 縣志

王梁爲郡吏太守彭寵以梁守狐奴令　後漢書本傳

上谷太守任興欲誅赤沙烏桓烏桓怨恨謀反詔鄧訓將黎陽營兵屯狐奴以防其變訓撫接邊民爲幽部所歸　後漢書本傳

沽水西南流逕狐奴山西又南逕狐奴縣故城西漁陽太守張堪於縣開稻田教民植種百姓得以殷富童謠歌曰桑無附枝麥穗兩岐張君爲政樂不可支視事八年匈奴不敢犯塞狐奴王莽之舉符也　水經注

呼奴山白雲觀有元大德八年集賢學士宋渤碑　潞水亭雜識

宋渤白雲觀記畧眞人張霞卿弟子張道寛居順州之呼奴山白雲道觀能以符水救人大丞相東平王嘗有瘍生體中醫藥罔効道寛治以符水遂愈王爲之搆觀云

順州北有銀冶山　元混一方輿勝覽

順州東北過白嶼河北望銀冶山　王沂公上契丹事

縣西北三十里有石槽三曰東石槽南石槽北石槽元史上都兵入古北口其知樞密院事竹溫台以兵掠石槽是也　昌平山水記

史山在縣西北三十五里山石戴土高百餘丈狀如眠弓南望京師城闕金碧眩目寺宇皆唐時建　名勝志

桃山在縣西北三十五里舊唐書謂之桃谷山山有五峰如桃花瓣巨石錯落橫亘數畝元致和初上都兵入古北口留重兵屯燕樂城以輕騎進抵桃山燕帖木兒

掩擊之于白狼河追至桃山降其衆燕樂聞之遂潰白狼河卽白河也一云白狼河在縣西北三十里 方輿紀要

曹王山曹操常駐軍于此 遼史

順州山中有異獸如馬而食虎豹契丹不知其名以問劉敞敞曰此所謂駮也爲言其形狀聲音皆如所見人歎其博物 東都事畧

溫餘河卽昌平之榆河下流爲沙河入順義西南界下至通州入潞河順義謂之西河金人名縣曰溫陽以此遼史作溫榆河本水經注之濕餘河以字相似而譌也 昌平山水記

縣西南二十里有天柱村三十里有蕭溝村村東臨溫餘河渡渡南有長城遺蹟遼史順州南有齊長城城東北有華林天柱二莊遼建京殿春賞花夏納京者也齊長城天保中所築沈括曰幽州東北三十里有望京館東行少北十里餘出古長城卽此 同上

縣西三十里有燕王冢或曰水經注所謂濕餘河在燕王陵南者也 同上

安樂故城漢縣廢城在今潞縣西北 太平寰宇記

通州西北安樂城漢漁陽郡屬縣晉屬燕國北魏太平眞君七年廢入潞縣 方輿紀要

濕餘水東南流逕安樂故城西更始使謁者韓鴻北徇承制拜吳漢爲安樂令卽此城也 水經注

沽水南逕安樂縣故城東晉書地道記曰晉封劉禪爲

公國俗謂之西潞水也 同上

晉穆帝永和六年二月燕王雋使慕容霸將兵伐趙霸軍至三陘趙征東將軍鄧恒惶怖焚倉庫棄安樂遁去與幽州刺史王午共保薊徙河南部都尉孫泳急入安樂撲滅餘火籍其穀帛霸收安樂北平兵糧與雋會臨渠 通鑑

後魏安樂郡故城在縣西北六里延和元年置交州太平真君二年罷州置郡領縣二土垠安市北齊廢土垠入安市後周廢安市入密雲隋開皇初郡廢今爲安樂莊永樂間撥給良牧署 昌平山水記

土垠晉宋爲易京城後魏廢易京爲安樂郡今州北負郭猶名安樂村 順州公廨記

唐南河縣故城在縣東南二十五里而軍都縣故城在縣西三十里蓋軍都之別徙者也 昌平山水記

白河經靈蹟山黃花鎮川河入焉又南經牛欄山東麓潮河流合焉又南逕縣城東門外 方輿紀要

皇甫冲順義行鄉有順義人告我庚戌事八月月生魄道傳俺達至朝聞古北屯暮見遼陽騎李生正下帷奮激報守吏守吏不敢言雙目但直視馳馬歸赴敵城門忽已閉登城望家室膏血乃塗地里閈盡焚燒妻孥身首異李生按劍怒眥裂聲色厲詎惜中山羨甘心河東棄惜哉無一兵不能爲之計乃有陳使君挺身獨不避下令開四門彎弓挿兩幟左書報仇文右寫勤王字當門據胡牀潛軍弛銜轡李生與之

俱不覺揄勇氣敵兵來覘窺一矢兩將殪敵驚齚齒奔潰皇解圍去城邑不破殘凡以二子庇功高主不知事往名亦墜李驥豈數奇耿恭終棄置斯理自古然況乃居今世請君勿復言此事猶爲細 華陽集

密雲縣在州東北一百二十里 明一統志

漢白檀縣地屬漁陽郡 方輿紀要

檀州密雲縣即漢厗奚縣舊治 續通典

後漢以居斤奚 遼史

白檀縣即古北平 續漢書

後魏皇始二年置密雲郡治提攜城領白檀要陽密雲三縣 昌平山水記

魏兼置安州後齊廢郡及二縣入密雲又廢安樂郡之土垠入安市 隋書

後周以安樂郡安市縣幷入密雲改安州爲元州隋開皇初徙元州于漁陽十六年又割幽州燕樂密雲二縣于舊元州置檀州大業三年州罷爲安樂郡唐武德元年仍改檀州 清類天文分野之書

以斯地燕之邊陲管障塞軍五千 開元十道要畧

萬歲通天元年置漢陽軍開元十九年更威武軍又有鎮遠軍故黑城川也有三叉城橫山城米城有大王北來保要鹿固赤城邀虜石子𦨴七鎮有臨河黃崖二戍 唐書

天寶元年改爲密雲郡乾元元年復爲檀州 太平寰宇記

石晉以賂契丹 宋史
遼爲檀州武威軍領密雲行唐二縣 昌平山水記
乾亨二年十二月如蒲瑰坂獵于檀州之南 遼史
太平五年八月獵于檀州北山射兎于平川 同上
宋宣和四年金人以州來歸賜郡名曰横山升鎮遠軍節度七年金人復破之 宋史
金廢州以縣屬順州後復爲檀州以密雲縣并入 方輿紀要
朮甲法心薊州猛安人貞祐二年爲提控與同知順州軍州事溫廸罕咬查刺倶守密雲縣法心家屬在薊州元兵得之以示法心曰若速降當以付汝否則殺之法心曰吾事本朝受厚恩戰則速戰終不能降也豈以家

人死生爲計耶城破死于陣咬查刺被執亦不屈而死詔贈法心開府儀同三司樞密副使封宿國公咬查刺鎮國上將軍順州刺史命樹碑以時致祭 金史忠義傳
元屬大都路 清類天文分野之書
明改州爲密雲縣屬順天府正德中改昌平州屬 方輿紀要
舊城剏于洪武年設三門週圍九里十三步新城築于萬曆四年在舊城之東設三門週圍一千一百七十九丈 縣志
縣爲薊遼總督所駐 名勝志
新舊城兩端相連總督府居其中 昌平山水記
縣治在鼓樓西萬曆二年重建縣學在鼓樓東唐貞觀

十二年漁陽刺史韋弘機創建金季兵燬元至元二十八年檀州楊璉重修至正六年知州聶守節擴地增修明洪武十一年知縣唐忠重修縣志

唐顯慶中韋弘機爲檀州刺史以邊人陋僻不知文儒貴乃修學官畫孔子七十二子漢晉名儒像自爲贊敦勸生徒由是大化唐書

元王思誠重修檀州文廟碑記檀州漢爲邊郡今畿内近地州舊有孔子廟燬於金季兵至元二十八年知州楊璉等割俸緡即州治東市民宅重搆殿宇爲堂三楹兩廡四楹以棲聖賢迄今五十載寖至傾圮至元六年太原聶侯字用之由行唐尹管廵院使來守是州拜謁祠下顧瞻荒陋慨然以修復自任退而謀諸監州賈仕及同知伯顏判官崔克敬共割俸鈔爲衆倡州中有好義者翕然出資以助於是斬木於山陶甓於河鳩工不日悉撤其故堂崇其基宏其度爲殿三楹葺兩廡增其楹爲六創神庖若大成門重門齋舍仍以故堂廢材又爲築講堂及教官宅碑樓共十三楹繪塑一新金碧晃耀視昔爲有加矣侯之致力不惟是州爲然其在行唐亦新三皇孔子廟及醫學儒學憲使孛朮魯翀刻詩於石以頌其德檀學之興經營於三年之仲春再越期而落成集賢學士揭傒斯監察御史崔帖木兒普化扁額於殿堂之上聶侯又欲勒石以紀歲月命學正宋文佐以文爲請遂爲書其始末系以詩曰白檀之區昔爲邊隅厥俗

於荒罔習於儒今爲內甸密邇神都郡黌攸設文教斯敷明明𦔮侯說禮敦書聰茲孔廟湫隘庳陳乃卽同官載詢載謀悉撤其故恢宏其模完厰益新輪如煥如浛庭殖殖遂宇渠渠有宅其師有庇其徒巍巍聖道洋洋嘉謨允迪惟哲罔念則愚嗟嗟士子惜此居諸學古入官復厥生初作與時偕身與道俱此惟𦔮侯德化之濡在漢文翁異世同符太史作頌以永厥譽爰告後政勉循令圖

龍慶倉在密雲縣 四鎮三關志

密雲中衛領左右中前四千戶所與縣同城而居 昌平山水記

衛在縣治東洪武四年建 明一統志

白檀書院在縣治東南密雲兵備濟南王見賓建館之東曰秋實西曰春華其前爲堂稍進爲亭庖湢悉具羅列花石于庭又建社學齋房以訓童子 縣志

慶峰觀在縣治南元建洪武十六年重修 同上

龍興寺在縣治北唐建太安中重修 明一統志

龍興寺元大德丁酉重修明成化十七年嘉靖元年又修俗名錐塔寺 縣志

縣故有大悲庵嘉靖戊子御史王大用爲赤肚子展居室改題曰棲眞院大學士夏言更題其門曰了師庵 同上

赤肚子不知何許人正德辛未入密雲城入豕圈與豕同眠無穢氣人皆異之後從學宮傍又徙滕家巷居民

簷下壘磚爲井踞坐以足頂尾閭兩拳握六指不放如勾問之則不言與之食則食不食葷酒不多食過午則不食與之衣則裂之避之與之貨則給僧以誦經赤身翦首覆以片氈祁寒盛暑勿侵也居民市鬻者與之輒多利競致之入人寢室如其家不避婦女有戲之者亦躍足昂首嘻然而笑置囹圄中數日不食亦不死許內臣爲繪象京師及四方好事者俱呼以仙嘉靖壬辰春夏大旱居民強令祈雨凡八日不食至五月十二日雨乃食十三日又雨人益異之 赤肚子傳

白檀廢縣在縣南漢置以縣有白檀山而名後漢廢建安中曹操歷白檀破烏桓于柳城即白檀故城也 方輿紀要

濡河東出峽入安州界東南流逕漁陽白檀縣故城地理志曰濡水出縣北蠻中漢景帝詔李廣曰將軍其帥師東轅弭節白檀者也 水經注

要陽廢縣在縣東南六十里漢縣漁陽都尉治此 方輿紀要

蓋延漁陽要陽人 後漢書

要水出塞外三川並導謂之大要水東南流逕要陽縣故城東本都尉治王莽更之曰要術矣 水經注

後漢廢要陽後魏復置屬密雲郡北齊廢 方輿紀要

庤奚廢縣在縣東南漢置屬漁陽郡 同上

鮑丘水又南逕傂溪縣故城東王莽更之曰敦德也 水經注

後漢曰傂奚縣晉廢魏書志皇始二年置密雲郡初治提攜城即庳奚之譌也 方輿紀要

方城廢縣在縣東北魏主燾以方城并入密雲方城葢慕容燕所置縣魏主宏於皇興二年置安州治故方城 同上

天平中陷元象中寄治幽州北界 魏書

普泰初復置方城縣屬廣陽郡葢即舊城置北齊廢 方輿紀要

安樂郡舊置安州後周改爲元州開皇十六年州徙尋置檀州 隋書

安市廢縣在縣東北五十里漢遼東屬縣後魏僑置于此太武帝延和初置交州治焉太平眞君二年改置安

樂郡兼領土垠縣 方輿紀要

後齊廢土垠入安市後周廢安市入密雲縣 隋書

燕樂廢縣在縣東北八十里漢庳奚縣地後魏延和九年置燕樂縣又僑置益州于此太平眞君九年改廣陽郡北齊郡廢以廣興方城二縣并入隋大業初置安樂郡治焉唐初郡廢仍爲燕樂縣屬檀州亦謂之廣陽城寶應二年史朝義敗走廣陽廣陽不受即此 方輿紀要

燕樂縣初治白檀城長壽二年移治新興城 舊唐書

梁乾化三年晉將周德威伐燕劉守光弃燕樂被禽縣尋廢 方輿紀要

燕樂漢庳奚縣地五代時廢爲燕莊其地平曠可屯 續通典

元至和初上都兵入古北口留重兵于燕樂方輿紀要

行唐廢縣亦在縣東本定州屬縣同上

遼太祖掠定州破行唐盡驅其民北至檀州擇曠土居之凡置十砦仍名行唐縣遼史

密雲驛在舊城南門外洪武十二年建縣志

獲野館在舊城西門外五里萬曆二年建同上

祐國寺在縣南十里至元八年建同上

密雲山不出泉惟縣南十里山麓有二泉相踰僅數尺匯爲一流稱聖水泉山亦因以名泉上有初月亭長安客話

密雲山在縣南一十五里明一統志

密雲山一名橫山郡所以名也昌平山水記

慕容皝以段遼屢爲邊患遣將軍宋回稱藩于石季龍請師討遼季龍總衆而至及徐無遼奔密雲山季龍進入令支怒皝之不會師也進軍擊之皝遣子恪率騎二千晨出季龍諸軍驚擾棄甲而遁段遼遣使詐降于季龍請兵應接季龍遣將麻秋率衆迎遼恪伏精騎七千於密雲山大敗之獲其司馬陽裕將軍鮮于亮擁段遼及其部衆以歸晉書

段遼爲石虎所敗奔平岡山晉紀

山近漢平岡縣界唐置橫山城爲守禦處蓋置于山下方輿紀要

漁陽城在縣南十八里秦郡治此二世發閭左戍漁陽卽此城也同上

縣南二十里爲白檀山漢所以名縣也 昌平山水記

密雲有隗山 唐書

山在縣南三十里 方輿紀要

山下卽密雲故縣 縣志

天門山在縣南三十里下有天門寺 同上

梯子嶺在縣東南十五里 同上

香巖寺在縣東二十五里元至正年建內有鴨腳子一株俗名白果寺 同上

渤海泉在縣東三十里泉涌如珠時有雲氣若有清修寺唐建成化間修谷壽寺在縣東三十里元建 同上

龍門山在縣東六十里有黃崖洞懸泉如瀑布 方輿紀要

縣東有地名驚羅山厓間有石門二扇然不可開聽之內有潺湲水聲 長安客話

清都觀在縣西北十里大安二年羽士杜宗道建至元中改洞眞宮洪武二十四年置道籙司 縣志

鳳山在縣西北十五里下有石佛寺元建 同上

縣北有仙洞其深莫測內有天然石佛五軀又有五色石竦拔如筍洞口有橋人顧其下深險不敢渡 燕山叢錄

黑城川在縣北四十里平頂山後唐之鎭遠軍也 縣志

霞峰觀在縣北四十里元道士魏志和建延祐五年周道昌重修 同上

王道亨霞峰觀記檀州北有水谷出乾維山谷間與

白水合中有霞峰觀國初李尊師結庵此地弟子魏志和史志端李道純力事營造已又得楊道勉劉道本共成之

李志寧霞峰觀記白檀山北曰水谷裒延峰嶺林木森秀有宗師霍道隆於延祐二年棲隱其間建道院一區既而道友王弘道協謀經營堂宇炳煥一新焉

大峪錐山在縣北 方輿紀要

至元十三年霧靈山伐木官劉氏言檀州大峪錐山出鐵礦有司覆視之尋立四冶 元史五行志

至元二十五年九月罷檀州淘金戶 元史世祖紀

九莊嶺在縣北三十里 方輿紀要

鮑丘水出禦夷北塞中南流逕九莊嶺東俗謂之大榆河 水經注

唐張守珪之鎮范陽檀州密雲令有女年十七姿色絕人女病踰年醫不愈密雲北山中有道者衣黃衣在山數百年稱有道術令自至山請之道人既至與之方女病立已令喜厚其貨財居月餘女夜臥有人與之寢而私焉其人每至女則昏魘及明人去女復如常如是數夕女懼告母母以告令乃移牀近已夜而伺之覺牀動掩焉擒一人遽命燈至乃北山道者令縛而訊之道者泣曰吾命當終被惑乃爾吾居北山六百餘載未嘗到人間吾今垂千歲矣昨蒙君殷勤所以到縣及見公女意大悅之自抑不可於是往來吾有道術常晝夜能隱

其形所以家人不見今遇此厄夫復何言令竟殺之王氏紀聞

縣東北八里爲冶山上有塔有石洞深邃水四時不竭東有卅洞昔人淘金址尚存昌平山水記

冶山上寺冶山下寺遼重熙八年建縣志

崇福寺在縣東北十里栗園莊元至正年建明嘉靖年重修同上

金溝舘在縣東北四十五里亦謂之金溝淀方輿紀要

檀州五十里至金溝舘將至舘川原平曠謂之金溝淀國主嘗於此過冬自此入山詰曲登陟無復里堠但以馬行記日約其里數王沂公上契丹事

密雲東北五十里曰共城是舜流共工之地名山藏

共城在檀州燕樂縣界括地志

大安寺在縣東北五十里舊名白猿院北齊天保五年建金承安四年重修縣志

三教寺在青洞山下又有臥佛寺唐建嘉靖中重修同上

清都觀在清都山距縣東北五十里同上

香陘山上悉生豪本香世故名焉水經注

縣東北六十里爲石匣城石匣東南渡潮河十五里爲石盆谷有龍潭潭上石如盆形水懸崖而下入于潭潭外爲盆水從潭而歷盆抵峽而下數里入于潮河有龍宅焉其深無底潭中有石門水淺則見土人曰龍所從出入也上有廟距縣東北五十里昌平山水記

道人溪在縣東北源發龍門流經縣界入于潮河 方輿紀要

密雲有太古墓圍十餘里高與山等昔人欲發之將及墓門有羣蜂飛出螫人遂不敢入相傳以爲契丹太后所葬 燕山叢録

密雲運道即白河上流運密雲官軍餉者也嘉靖三十四年自密雲城西楊家莊地方築塞新口疏通舊道令白河與潮河合流至牛闌山水勢甚大故通州漕糧得抵密雲城下 水部備考

密雲河本白河上流自牛闌山而下與潮河交會初薊遼總督駐密雲從通州至牛闌山以車轉餉勞費特甚嘉靖中總督劉燾發卒濬潮河川水達通州用小舟轉粟直抵密雲鎮矣 吳文恪公集

永樂十五年十一月金水河太液池冰凝結衆像態狀奇巧其時密雲亦獻瑞冰如水晶含玉者凡七與金水河所結無異 泊庵集

懷柔縣在州東北一百里 明一統志

懷柔縣其地乃燕之北境太子丹使荊卿獻地圖蓋謂此地 太平寰宇記

唐貞觀六年置懷柔縣治五柳城改順義縣開元四年置松漠府彈汗州天寶元年改歸化郡乾元元年復今名 遼史

金明昌六年改爲溫陽縣元廢 方輿紀要

明洪武十三年分密雲昌平二縣地建懷柔縣在順義

縣北屬北平府 清類天文分野之書

縣屬順天府正德中改州屬 方輿紀要

縣舊有土城創自洪武十四年至成化三年易以甎石弘治十五年以城大民少去其西偏而城其東偏開三門東曰咸陽南曰拱衛西門最小以便汲水知縣事保德李士元開大門于西名曰留照復易東門曰迎旭南門曰薰西小門曰湧泉隆慶二年增設甕城敵臺萬曆八年知縣屯留龎鳳鳴闢東小門名曰通利 縣志

懷柔城大兵少弘治中截其東偏而築之故縣治在西門也城周四里六十步三門嘉靖末設兵備僉事于此尋罷後以守備一人駐焉 昌平山水記

唐順之登懷柔城作塞下孤城古白檀半臨平野半

依山秋來亭堠無烽火官馬千家首蓿間 荆川集

縣學明倫堂成化庚寅教諭餘姚趙顒所搆泮池萬曆甲午知縣全州蔣守浩所鑿 縣志

廣濟倉在懷柔縣城 四鎮三關志

能仁寺在縣治西北洪武十八年建 寰宇通志

縣東南九十里有丫髻山二峰高聳上有碧霞元君祠天啓七年巡按御史倪文煥請建太監魏忠賢生祠于此賜名崇功祠未成而忠賢敗 昌平山水記

栲栳山在縣東南九十里山前有雲巖寺又有硃堂寺 縣志

縣東七里爲白河又東十五里爲潮河 昌平山水記

縣東三里有小泉河又東五里有鴈溪俱流入白河 縣

志

黍谷山在懷柔縣東四十里跨密雲縣界亦名燕谷山明一統志

燕有黍谷地美而寒不生五穀鄒子居之吹律而溫氣至劉向別錄

燕有谷氣寒不生五穀鄒衍吹律致氣旣寒更爲溫熱以種黍黍生豐熟到今名之曰黍谷論衡

鄒衍吹律能變寒谷生禾黍獨異志

黍谷亦謂之寒谷吳越春秋北過寒谷左思賦寒谷豐黍吹律以暖之是也山有風洞洞口風氣凛烈盛夏人不敢入昌平山水記

鄒衍廟在黍谷山上縣志

方問孝謁騶先生祠作夫子昔遊燕宮成碣石年墳荒蕭然雨祠接女郎煙名自三騶著書從五德傳夜深明月下彷彿笑談天人去不可見川明終古流雲疑擁篲日廟似築宮秋碑色含苔冷蜩聲帶雨愁應知精魄在千載此幽州蒼耳齋詩集

縣東北二十里有神山又有金鐙山山頂夜常有光因建金鐙寺縣志

象山在縣東北四十里山形如象同上

溫陽有螺山湫水兎耳山金史

紅螺山在縣北二十里高二百仞下有潭潭中嘗有二螺色殷紅夕吐光燄士人異之因以名山明一統志

按遼史檀州有螺山金史順州有螺山王沂

公上契丹事順州東北有螺盤山皆指是山
也
紅螺山有泉一綫以珍珠名其水湧如噴珠 長安客話
紅螺山麓有資福寺古之大明寺也創于金皇統初年距縣一十五里又有定慧寺亦在山麓建有萬壽齊天二塔距縣一十八里 縣志
孤臺在縣北三里舊有金勝寺塔今廢 同上
紅石山在縣西北三里山頂有石泉瑩潔如玉一名玉泉山 同上
縣西三里爲石塘山有大工則採石焉設工部廠 昌平山水記
七渡河在縣西南一里 縣志

朝鯉河亦名七渡河 王沂公上契丹事
王世貞懷柔道中作馬足吾何限山行稍自寬人家梅雨色衣袖麥秋寒過瀑添新徑歸雲改故巒斷腸沙雁起一一向長安 弇州山人稿
楊旦懷柔道中作春風樹樹亂啼鴉鎮日山行未見花田野蕭條村落靜土橋茅屋兩三家 惜陰小稿

僑治

唐太宗平突厥諸蕃稍稍內屬即其部落列置州縣其大者爲都督府以其首領爲都督刺史皆得世襲雖貢賦版籍不上戶部然聲教所暨皆邊州都督都護所領著于令式其後或臣或叛經制不詳突厥之別部及奚契丹靺鞨降胡高麗隸河北者爲府十四州四十六號

爲靺鞨云 唐書

燕州星分尾斗 太平寰宇記

隋於營州之境汝羅故城置遼西郡以處粟末靺鞨降人 唐書

隋開皇中粟末靺鞨與高麗戰不勝有厥稽部渠長突地稽率忽賜來部窟突始部悅稽蒙部越羽部步護賴部破奚部步括利部凡八部勝兵數千人自扶餘城西北舉部落向關內附處之柳城乃燕郡之北煬帝大業八年爲置遼西郡并遼西懷遠瀘河三縣以統之 隋北蕃風俗記

武德元年省瀘河 唐書志

武德五年靺鞨渠長阿固郎始來 唐書列傳

六年自營州遷于幽州城中以首領世襲刺史貞觀元年省懷遠 唐書志

二年靺鞨乃臣附所獻有常以其地爲燕州 唐書列傳

開元三十五年徙治幽州北桃谷山 唐書志

按突地稽隋書作度地稽粟末作栗末考栗末水名或作速末則粟字疑誤又唐書地理志注云武德元年曰燕州而列傳貞觀二年靺鞨始來附以其地爲燕州當從列傳爲正

燕州東至檀州八十里西至幽州九十里南至昌平縣五十里北至大山五里西南至芹河五里東南至廢易京城四十里西北至乾河山五里東北至宋城鎮二十五里 太平寰宇記

燕州領縣一遼西州寄理幽州縣亦遷于今所 同上

建中二年州爲朱滔所滅因廢爲幽都縣 唐書

眞州武德初以涑沫烏素固部落置 唐書

愼州唐武德初置隸營州萬歲通天二年移于淄青州安置神龍初復隸幽州領縣一逢龍契丹陷營州後南遷寄治良鄉縣之故都鄉城 太平寰宇記

夷賓州乾符中以愁思嶺部落置 唐書志

夷賓州唐乾封中於營州界内置處靺鞨愁思嶺部落隸營州都督萬歲通天元年遷于徐州神龍初還隸幽州都督領縣一來蘇寄治于良鄉縣之古廣陽城 太平寰宇記

黎州載初二年析愼州置僑治良鄉之故都鄉城 唐書志

黎州以處浮渝靺鞨爲素固部落隸營州都督萬歲通天元年遷于宋州安置神龍初還隸幽州都督領縣一新黎寄治于良鄉縣之故都鄉城 太平寰宇記

玄州貞觀二十年以辱紇主曲據部落置僑治范陽之魯泊村 唐書志

元州隋開皇初置萬歲通天二年移于徐宋州安置神龍元年復舊今隸幽州領縣一靜蕃 太平寰宇記

威州本遼州武德元年以內稽部落置初治燕支城後僑治營州城中貞觀元年更名 唐書

威州唐武德元年置遼州總管自燕支城徙寄治營州七年廢總管府貞觀元年改爲威州隸幽州大都督領

縣一威化契丹陷營州後乃南遷寄治于良鄉縣石窟堡太平寰宇記

昌州貞觀二年以松漠部落置僑治營州之靜蕃戍七年徙于三合鎮後治安次之故常道城唐書志

昌州始隸營州都督萬歲通天二年遷于青州安置神龍初還隸幽州領縣一龍山太平寰宇記

師州貞觀三年以契丹室韋部落置僑治昌平之清水店縣一孤竹唐書志

師州貞觀三年置州于營州東北廢陽師鎮故號師州隸營州都督萬歲通天元年遷于青州安置神龍初還隸幽州都督領縣一陽師寄治于良鄉之故東閭城太平寰宇記

按師州所領縣唐志則為孤竹寰宇記則為陽師孤竹則帶州所領縣也又唐志覊縻不錄帶州而昌師帶鮮信五州皆遷于青州之境則又及之其同異之故所未諭也

帶州唐貞觀十九年於營州界內置處契丹乙失活部落隸營州都督萬歲通天元年遷于青州安置神龍初還隸幽州都督領縣一孤竹舊治營州界契丹陷營州後寄治于昌平縣之清水店為州治也太平寰宇記

沃州載初中析昌州置萬歲通天元年沒于李盡忠開元二年復置唐書志

沃州以處契丹松漠部落隸營州改隸幽州領縣一濱海本寄治營州城內州陷于契丹乃遷于薊州東南廻

城爲治所 太平寰宇記

信州萬歲通天元年以乙失活部落置僑治范陽境 唐書志

信州初隸營州都督萬歲通天二年遷于青州安置神龍初還隸幽州都督領縣一黄龍寄治范陽縣 太平寰宇記

青山州景雲元年析元州置 唐書志

青山州隸幽州都督領縣一青山寄治于范陽縣界水門村 太平寰宇記

鮮州武德五年析饒樂都督府置 唐書志

鮮州分奚部落置隸營州都督萬歲通天元年遷于青州安置改隸幽州領縣一賓徒初治營州自青州還寄治潞縣之古縣城 太平寰宇記

按後漢志幽州刺史部有賓徒屬遼西

崇州武德五年析饒樂都督府之可汗部落置貞觀三年更名北黎州 唐書志

崇州唐武德五年置隸營州都督領縣一昌黎貞觀二年置北黎州寄治營州東北廢陽師鎮八年仍改爲崇州置昌黎縣契丹陷營州徙治于潞縣之古縣城 太平寰宇記

歸義州歸德郡總章中以新羅戶置僑治良鄉之廣陽城縣一歸義後廢開元中信安王禕降契丹李詩部落五千帳以其衆復置 唐書志

歸義州總章中置以處海外新羅隸幽州都督領縣一

歸義艮鄉縣之故廣陽城州所理也 太平寰宇記

順州順義郡貞觀四年平突厥以其部落置順祐化長四州都督府于幽靈之境 唐書志

思順州唐貞觀六年置寄治營州南五柳城天寶元年改爲順義郡乾元元年復爲順州領縣一賓義郡所治在幽州城內 太平寰宇記

按新舊唐書地理志俱作順州而寰宇記作思順州疑衍

瑞州本威州貞觀十年以烏突汗干部落置在營州之境咸亨中更名 唐書志

瑞州初隸營州都督萬歲通天二年遷于宋州安置神龍初還隸幽州都督領縣一來遠舊治在營州界州陷

于契丹移治于艮鄉縣之故廣陽城 太平寰宇記

凜州天寶初置隸幽州都督府僑治范陽境 唐書志

自燕州以下諸州皆東北降蕃散處幽營州界以州名覊縻之無所役屬安祿山之亂一切驅之爲冦至德之後人據河朔其部落之名無存者今記唐天寶之故迹地理焉 太平寰宇記

日下舊聞卷三十五終

日下舊聞卷三十五補遺

京畿十一

順州有龍雲寺 元崇國寺碑陰

馬祖常登都北神山醉中題壁詩過溪踏瑶瓊入山采蒼翠仙宮名神山下負六鰲背我來訪丹藥羽人已千歲清嘯響山谷幽姿媚松檜白水從北來南與衆川會開窓目沃野千峯儼相對自是山林樂何但官爵貴買田釀清泉里社日相慰詩成悵如失天風過衣袂東望鄒衍廟杯酒可遠酹談天劇當時古屋尚粉繪騎驢獨歸去人世空一喟 石田集

密雲縣有鵶鶻安盧家安按說文安止也土人謂安字爲高平處 碣石叢譚

蘇拯鄒律詠鄒律暖燕谷青史徒編錄人心不變遷空吹開草木世患有三惑爾律莫能抑邊苦有長征爾律莫能息斯術未濟時斯律亦何益爭如至公一開口吹起賢良覇邦國 唐音統籤

帝次牛欄山欲盡戮漢軍木華黎以石抹孛迭兒可用奏釋之 元史

錢藻備兵密雲有二京軍刼人于通州獲之不服州以白藻二賊恃爲京軍出語無狀藻乃移甲于大門之外獨置乙鞫問數四聲色甚厲已而握筆作百許字若錄乙口語狀遣去隨以甲入紿之曰乙已吐實事由于汝乙當生汝當死矣甲不意其紿也忿然曰乙本首事何委于我乃盡白乙首事狀藻出乙訟之遂論如法 智囊

余有丁密雲縣疏河記密雲巖邑王畿之左輔也城東爲潮河出孤山折而東注西則白河會之歲甲寅秋大雨兩河離常流夾城而下城受齧中丞劉公開府於是謀于中丞楊公都護戚公憲使王公析渠引河陳畚鍤具甓甃積土塗繕城堡不匝月而工成計東隄三百五十餘丈西一百餘丈高各三丈五尺余文敏公集

順州舊治唐歸順州見大曆五年試太子洗馬鄭宣力所撰開元寺碑金節使剛忠王公子明死節於此秋澗集

柳應芳陪張尚書登檀州北城樓作縱目層樓上時開旅客顏山臨燕塞斷水繞漢城灣秋色孤鴻外邊聲萬馬間令公多暇日登眺不知還明詩正聲

白河經密雲諸山全受渾榆諸河之水夏秋暴漲隄防不能禦源遠流迅水勢漫散河皆漂沙深淺通塞不常運行甚艱惟用兜杓數千具治河官夫遇淺即濬庶盤剝可省矣近有議於白河建閘者河廣水盛漲必他決底皆淤沙閘必易損且河徙無定閘難改移蓋未達水土之宜也問水集

懷柔城極堅整西南在平地東北則因山爲之其南甕城可盤馬麗譙片石記萬曆九年增修丈尺末云並用純灰鋪底灌抿全完以垂永久宜其歷百年尚如新築也溫陽紀畧

釣魚臺在懷柔縣西三里山水殊勝澗流至此廣丈餘

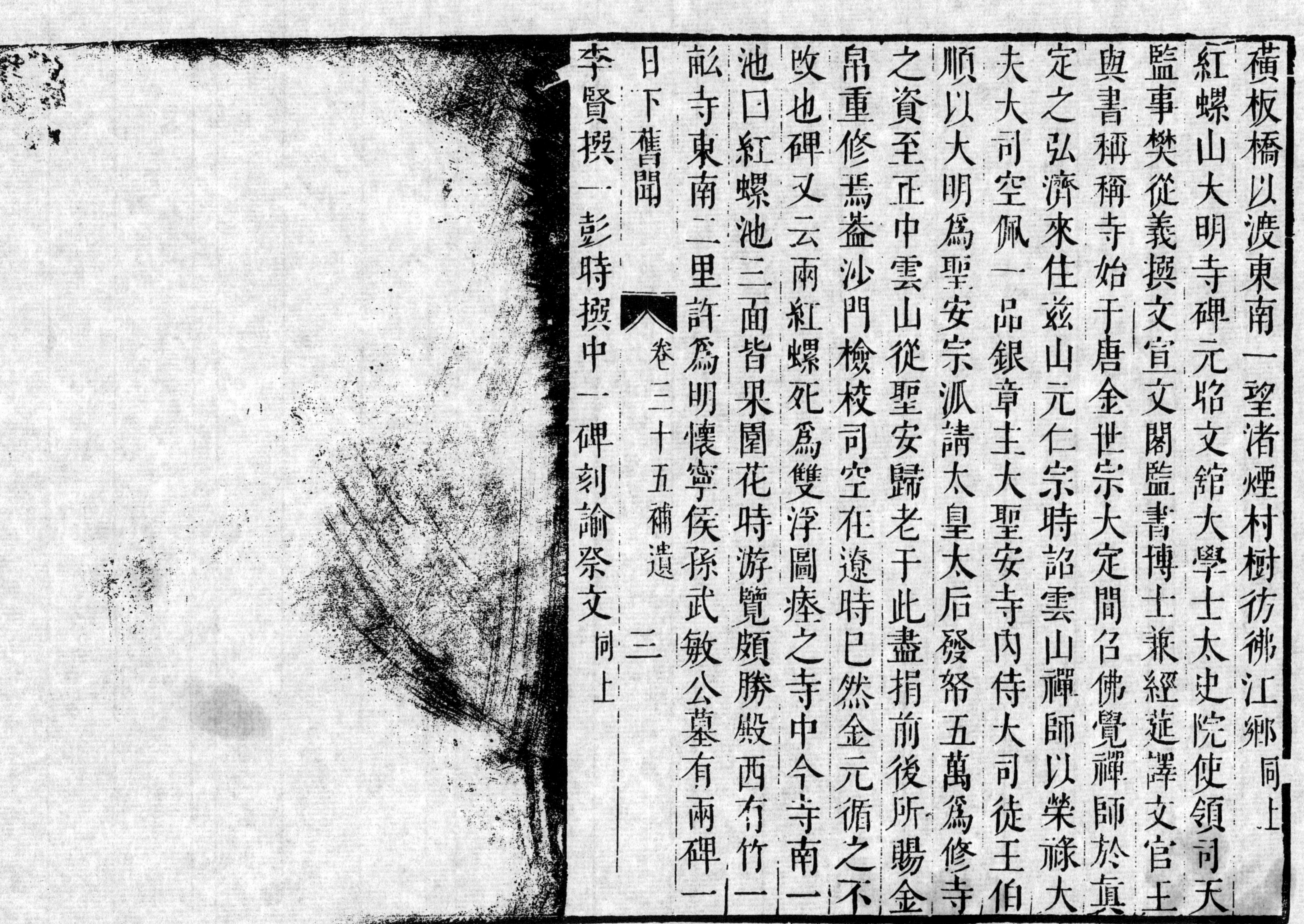

横板橋以渡東南一望渚煙村樹彷彿江鄉 同上

紅螺山大明寺碑元昭文館大學士太史院使領司天監事樊從義撰文宣文閣監書博士兼經筵譯文官王與書稱稱寺始于唐金世宗大定間召佛覺禪師於眞定之弘濟來住茲山元仁宗時詔雲山禪師以榮祿大夫大司空佩一品銀章主大聖安寺內侍大司徒王伯順以大明爲聖安宗派請太皇太后發帑五萬爲修寺之資至正中雲山從聖安歸老于此盡捐前後所賜金帛重修焉蓋沙門檢校司空在遼時已然金元循之不改也碑又云兩紅螺死爲雙浮圖瘞之寺中今寺南一池曰紅螺池三面皆果園花時游覽頗勝殿西有竹一戺寺東南二里許爲明懷寧侯孫武敏公墓有兩碑一李賢撰一彭時撰中一碑刻諭祭文 同上

日下舊聞卷三十六

邊障上 薊鎮

京東之外鎮營薊遼陽也京西之外鎮宣大偏頭也京東之內險山海也京西之內險居庸白羊紫荊倒馬鴈門寧武平刑龍泉也 長安客話

關隘之要有四曰古北口曰居庸關曰喜峰口曰松亭關烽堠相望者一百九十六處 實錄

京輔扼要當以古北口石塘爲急其次守馬蘭其次守黄花居庸橫嶺鎮邊其次守喜峰冷口其次守金水馬水紫荊倒馬 經世挈要

自山海關而北而西極衝去處如一片石石門路大毛山城子峪平頂谷義院口關臺頭營中桑堡羅漢洞東

勝寨徐流口喜峰口河流口關冷水口關不門子關古北口潮河川等處皆當嚴備然計其要害之處大畧有四以冷口爲一路自山海關抵太平寨而以建昌營爲適中之地以古北口爲一路自馬蘭峪抵石嶺塘而以密雲爲適中之地以昌平爲一路自渤海頭抵鎮邊城即以昌平爲適中之地以紫荊倒馬二關爲一路自沿河口抵故關而以易州爲適中之地顧此關隘均爲要害而古北口尤爲緊要蓋冷水馬蘭有重岡疊嶂以爲天險紫荊倒馬有雲中上谷以爲外藩惟古北口一帶沙淤水漫萬馬馳驟甚難防禦也 同上

薊鎮邊分東中西三路東路帥駐臺頭營 昌黎縣 所急者四曰山海關 撫寧縣 曰石門砦 撫寧縣東 曰燕河營

永平府北曰建昌營遷安縣北中路帥駐三屯營遵化縣東所急者四曰太平砦遷安縣西北曰喜峰口遵化縣東北曰松棚谷遵化縣北曰馬蘭谷薊州東北西路帥駐石匣營密雲縣東北所急者四曰墻子嶺密雲縣東北曰曹家砦密雲縣東北曰古北口密雲縣北曰石塘嶺密雲縣西北其邊墻皆依山湊築大道爲關小道爲口屯軍曰營列守曰砦方輿紀要

東協石門路之一片石義院口燕河路之界嶺口建昌路之桃林口劉家口徐流口河流口冷口觀音溝白羊峪中協之喜峰路潘家口李家口董家口鐵門關鮎魚口松棚路之羅文峪洪山口俱極衝中協之馬蘭太平二路則次衝西協之墻子路鎮鹵關簽兒嶺磨刀峪南

北櫻桃園古北路之潮河川石塘路之大水峪白馬關東西駝谷等處俱極衝曹家路惟有汗兒嶺正關其餘之河西七寨乍兒峪吊馬谷皆次衝也經世挈要

洪武初仍古會州大寧地設北平行都司與營諸屯衛封建寧藩與遼東宣府東西聯絡爲外邊已而魏國公經畧自古北口至山海關增修關隘爲內邊以故薊州西接居庸北折而東南抵海上盡漁陽盧龍皆其管內船泛登萊陸走趙魏襟帶原澤馮翊京師號稱雄鎮迨文皇靖難兀良哈內附乃徙北平行都司于保定爲大寧都司而散布興營諸衛于京府大寧之地盡畀兀良哈通貢互市朶顏大寧福餘三衛是也自是紅螺白雲之北遼東宣府聲援隔絕而喜峰三屯密雲白羊以漸

收縮失計甚矣 國朝典彙

金立中京大定府至貞元元年更爲北京元世祖至元七年改爲大寧路洪武初元將納哈出向據金山二十年三月命大將軍宋國公馮勝等率師出松亭關築大寧寬河會州富峪四城勝遂率兵趨金山六月納哈出降九月置大寧都指揮司大寧中左右三衛及會州木榆新城等衛悉隸之二十一年改大寧都指揮司爲北平行都指揮使司距北平布政司八百里二十四年封皇子權爲寧王建文元年九月燕王兵出劉家口襲破大寧下富峪寬河會州等城以寧王及將士歸北平大寧初設未有民人但立一十六衛自燕王拔之而南遂爲空城及轉戰三年始下南京而大寧已棄之後不能復置因徙衛于山南而以其地畀兀良哈然永樂元年仍命武安侯鄭亨於千戶寨灰嶺慶州神樹西馬山七渡河皆設墩堠新昌伯唐雲領軍自小興州大興州東接牛嶺會州塔山龍山諸處屯種迨十九年命邊將置邏騎營于古北口之北神樹之地則當時此地尚爲甌脱也 昌平山水記

薊鎮東自山海關西抵石塘路开連口接昌鎮慕田峪界延袤一千七百六十五里 四鎮三關志

薊鎮一帶邊墻乃國初徐達創修以爲內邊者也邊長二千三百餘里 經世挈要

喜峰口乃兀良哈進貢之路本名喜逢口古松亭關也 長安客話

灤陽驛東北四十里有雙冢世傳昔有久戍不歸者其父求之適相遇此山下相抱大笑喜極而死遂葬于是因謂之喜逢口（圭塘小稿）

喜峰口路關砦一十二東自鐵門關西至團亭砦延袤九十四里董家口下關砦五青山口關横山砦游鄉口關董家口關勝嶺砦（俱洪武年建）邊城二十八里空心敵臺二十五座大喜峰口下關砦七鐵門關李家谷關椴木谷砦石梯子谷砦大喜峰口關小喜峰口關團亭砦（俱洪武年建）邊城三十四里空心敵臺一十五座（四鎮三關志）

鐵門關外有大灤即喜峰水之源也關南十五里為窟窿山山多洞穴高與鐵門關齊自洞口而西十里為西

山嶺即喜峰古松亭山也南行二十里曰小喜峯又西南三里曰老子谷下為團亭砦灤水由此流入撫寧縣境隔灤水而西為樓子山又南十里為平山撫寧與遵化相出入處也（方輿紀要）

喜峰口關在遵化縣東北七十里關城周三里關口有來遠樓可容萬人宣德三年車駕由喜峰口大敗兀良哈衆于寬河嘉靖十年三衛入犯自此益增兵戍守為薊邊重地（同上）

嘉靖中胡守中以都御史奉璽出行邊乃出塞盡斬遼金以來松木百萬於喜峯口創建來遠樓守中侍寵驕恣尋以賄敗樓後為水衝沒今臺址尚存（長安客話）

許有壬喜逢口歌兒寒解衣重撫摩兒饑推食孰忍

訶長成與國遠負戈一去不返當如何去時云戍東北鄙直出榆關度遼水白頭老翁形影俱豈憚山川千萬里天教此地適相逢父曰從天墮吾子笑疲樂極俱殞身誰謂情鍾遽如此官家開邊方未已同生又別寧同死山雲漠漠風颼颼山頭雙冢知幾秋當時不忍一朝喜今日翻成千載愁猶勝貞女化爲石終古孤身雙不得清江寒影日悠悠行人一去無消息 圭塘小藁

壬寅宿喜峰口詩萬里秋風暮連山到此分幾年尋紫塞今日宿黃雲片月臨關見孤軍擊柝聞燕歌爭勸酒强飲不成醺 十岳山房集

蕭鎡大喜峰口關城興造記今上即位之明年勅都

察院右僉都御史鄒來學自山海以西至天壽山以東千餘里之地關城屯堡其悉疆里之軍務處置聽以便宜公拜手稽首畢因仰而言曰於乎皇上所以委任者至矣我何敢不力以欽承休命先是寇自白羊紫荆諸關皆失利公守喜峰口親歷邊境相地之險易曰多寡在人而捍禦之廣斥堠謹烽燧寇不敢犯民用以寧及有是命時鎮守則有尙膳監郁公永總兵則有都督僉事宗公勝左右叅將則有都指揮僉事胡鏞馬榮公與之謀曰鄉者緩急預備一時權宜耳經久之計當如聖諭衆咸是之議既克協乃經營繕治之不獨喜峰口而已其他董家羅文諸峪劉家界嶺一片石諸口廣者百餘丈狹者數百尺皆築

城以障其缺舊所有者乃增高之爲門以便我軍之出入通水道者則制爲水關城之外爲濠濠之外爲墻山之峻者削之爲壁谿峪蹊徑凡人跡可通者盡築焉蓋東西千餘里間營壘相望高深堅壯足以經久誠所謂金城湯池固也公又以謂諸關獨喜峯口距鎮外已朝貢道所由出乃爲城樓以示壯觀樓高四丈深廣稱之名曰鎮遠樓經始于景泰壬申之七月落成於癸酉之四月力取於守禦之卒而兵不知勞材取於山峪之產而民不知費人見其功之成而不知其何以爲之也於是其將吏相與告於宗公曰都憲公受上命疆里而公式克協心同力以底於成不有紀述其何以示後宗公曰然乃以書屬翰林編

修劉宣請於予古之爲天下者不病乎其有患恒病乎其無備不病乎其無備恒病乎難其人夫事機之來無常惟禦有其備則雖有一朝之患不足爲吾害備不先具使經理有其人則雖弊敗之餘猶足成吾功故曰惟在得人而已北邊當永樂宣德中承平日久無事修治正統以來蓋頹隳極矣聖天子臨御赫然述中興之業乃始汲汲於斯當此時受命而往者肩背相望雖極一時之選然其間苟簡就功者猶或有之獨公毅然以爲已任而凡將佐與同事者皆効力相成故其所建立堅久不隳使國家恃之晏然無復後顧之憂此蓋千萬世永遠之績豈一時之功也哉爲考其始末之槩論著之俾爲天下國家者知治

之責在於得人而後之任此者當思所以善繼之也尚約集

徐太傅城在喜峯口關東北有小城相傳中山王所築歲久彌堅遠望如碧玉懸厓斗聳人跡希邈名勝志

由喜峯口東北六十里曰椴木峪關又六十里曰松亭關自松亭關至大寧廢衛凡三百六十里爲控禦之要道里記

松亭關在喜峯口北百二十里遼人自燕之中京每自松亭趨柳河方輿紀要

劉敞奉使契丹博聞彊記素知山川道里契丹自古北至柳河廻曲千餘里敞問曰自松亭趨柳河其徑不數日可至中京何不道彼而道此契丹不虞敞知相顧驚

媿曰誠如公言自通好以來置驛如此不敢易也東都事畧

閻詢字議道鳳翔天興人嘗使契丹頗知北方疆理時契丹在鞾淀迓者王惠導詢由松亭往詢曰此松亭路也胡不徑葱嶺而迂枉若是豈非夸大國地廣以相欺耶惠慚不能對宋元史質

渝關居庸可通餉饋松亭金陂古北口止通人馬不可行車山之南五穀百果良材美木無所不有出關未數里則地皆瘠鹵矣金國行程

契丹撒八及宗叙出松亭關取牛遞于廣寧金史本傳

太祖自將襲遼主于大魚濼留輜重于草濼以撻懶爲奚六路軍帥鎮之習古廼婆盧火護送常勝軍及燕京

豪族工匠自松亭關入內地上戒之曰若遇險阨則分兵以往習古廼婁盧火乃合于撻懶 金史本傳

建文初大寧帥劉貞等引兵出松亭關駐沙河攻遵化燕王馳援貞等退保松亭既而燕王謀取大寧諸將曰大寧必道松亭關關門險塞守備方嚴恐難猝拔乃從別徑趣大寧還收松亭 成祖實錄

由石梯子砦五里至大喜峯口邊外通大川貢路正關并南稍城及邋遢嶺通騎衝要其大小安口等墩空山險通步又五里至小喜峯口關正關并東西稍城通單騎又十里至團亭砦正關有灣河一道自外流入平時水淺可渡夏大水難行邊外通喜峯口大川 三鎮邊務總要

松棚路東自潘家口西至山口砦延袤一百五十五里關砦二十四龍井兒下關砦入潘家口新關 嘉靖四十一年建 東常峪關西常峪關三臺山關 俱洪武年建 蘇郎谷關 嘉靖十六年建 龍井兒關張家安砦椽八谷砦 俱洪武年建 邊城五十里附墻臺四座空心敵臺四十四座洪山口下關砦五廖家谷關 正德三年建 洪山口關西安谷砦白棗谷砦三道嶺砦 俱洪武年建 邊城二十里附墻臺三座空心敵臺四十四座羅文峪下關砦十一天勝砦含身臺砦 俱永樂年建 馬蹄谷關 洪武年建 蔡家谷砦 永樂年建 秋科谷砦千家谷關羅文峪關猫兒谷砦山寨谷關沙坡谷關山口砦 俱洪武年建 邊城六十三里附墻臺一十一座空心敵臺六十四座 四

由團亭砦三里至潘家口關外通喜峯口大川河口并擂鼓臺墩東西空通騎衝要蔡地谷次衝其十八盤通步餘山俱險又二里至東常峪關外通大川正口并東稍城通騎衝要其南山各墩空陡險稍緩又八里至西常峪關外通長城口并東稍城及横嶺墩東空通騎餘山俱險又十里至三臺山關正關水口并東稍城通騎衝要其餘山險通步又五里至蘇郎谷關通步不通騎又五里至龍井兒關邊外通大川正關并河口東西稍城及眞武廟敵臺墩椴木臺東西空通騎衝要餘墩空山險通步又五里至張家安砦臨口不寛惟正關并東山梁通單騎不通大舉又五里至椽八谷外通洪山口大川平漫正關并椽八谷墩柞子嶺白羊坡等墩座四處極衝通大舉餘險通步 三鎮邊務總要

潘家口在遵化縣東北四十里嘉靖三十八年朶顔入犯度灤河由潘家口而西大掠薊州其東曰團亭砦又東即喜峯口也 方輿紀要

三臺山關北五十二里曰寺兒峪又北十六里曰上松嶺又北六十七里曰謝兒嶺又北有惱奴河傍駢川等處皆寇徑也 同上

龍井兒關要衝也其内爲三屯營 同上

三屯營去喜峯二舍營曰三屯忠義中衛百夫長凡三景泰間勑征東大將軍駐劄 名勝志

營在景山之北城周四里西北至喜峯口六十里西至

遵化縣亦六十里 方輿紀要

三屯城宣德初建于獅子谷天順間城于忠義中衛三百戶屯故曰三屯門三各建重樓戚繼光繕之自爲之記 遵化縣志

三屯營城天順四年建萬曆二年戚都督展拓焉 四鎮三關志

萬曆元年侍郎汪道昆閱視薊鎮條奏善後事宜以三屯營總兵所治惟近設守備一員原無軍衛總兵標下各營支領文移率出境借用遵化各衛印信恐增減稽程且本營駐劄各兵並非土著兩防各發汎地新舊二城俱空不可無備查忠義中衛設在遵化該衛三百戶所屯地則在三屯營營由此得名遵化城附衛一所不爲不足請以忠義中衛移置三屯營就於三屯營城內空地蓋造衙門廨舍居之 邊庭碩畫

戚繼光重建三屯營城記畧三屯營去喜峰二舍在遷安縣南百二十里遵化縣東之五十里左山海右居庸而綰轂其中舊城痺薄而隘繼光總理鎮務鳩衆訓練于此弗足以容乃謀闢城于制府會上郎位詔增餙邊垣適汪少司馬閱師條便宜制令移忠義中衛于三屯城內遂置衛增營及營建公署明年秋規外地而拓其址撤南垣而圍之凡五百五十七丈高二丈五尺加五尺爲堞址廣四丈有餘門三南曰景忠東曰賓日西曰拱京次年春乃繕舊城凡六百一十六丈表裏高厚悉如樓臺下旁各分便門周城

水洞有二敵臺有九環以牛馬墻列孔以備瞭覘闕場以積芻茭從橫五十丈止止堂集

隆慶六年譚綸請于薊昌十路練兵三萬列爲三大營以遵化永平遊兵合巡撫標兵爲遵化營以建昌遊兵合鎮守標兵爲三屯營以振武石匣二營合總督標兵爲客雲營春秋兩防合屯要地永平有警則遵化一營禦之三屯出二哨應之客雲出一哨應之薊州有警則三屯一營禦之遵化出二哨應之客雲出一哨應之客雲有警則客雲一營禦之三屯出二哨應之遵化出一哨應之兵皆據墻爲戰以止寇不入爲上功經世挈要

由椽八谷五里至廖家谷正關并白草安通騎衝要餘止通步又三里至洪山口關外通大川平漫正關并兩

稍城及西墩空外俱寬平通騎衝要又三里至西安砦外通大川各墩空俱通人馬衝又六里至白棗谷外通大川各墩空亦通人馬衝又七里至三道嶺此外關雖通大川但裹口地勢三面如屏險可以據不通大舉三鎮邊務總要

洪山口關在遵化縣北三十里有城其內爲松棚營方輿紀要

弘治十二年八月整飭薊州邊備都御史洪鍾奏洪山口關原設于松棚谷境與營相去不遠成化間關移今所而營堡仍舊營去關三十餘里且山嶺道隘人馬不得並行遇警卒難策應請移營于附近李家谷口從之孝宗實錄

由三道嶺四里至天勝砦正關通單騎不通大舉又三里至舍身臺砦正關通單騎極衝又五里至馬蹄谷關正關并稍城通騎極衝其餘墩空通步又十里至蔡家谷關正關水口并關東尖山墩空通騎衝要又二里至秋科谷砦正關秋科谷東空山墩猪墩通騎餘通步又十里至于家谷正關并桃樹安墩西界倒溝嶺墩各空通單騎衝又五里至羅文谷關外通大川各墩空俱通騎極衝又二里至猫兒谷砦外通大川各墩俱通騎極衝又十里至山砦谷正關并東西稍城及黄草安尖山墩鶯窩崖白嶺兒石板溝各墩空通騎極衝餘止通步又十五里至沙坡谷正關桑樹安迤西東山墩三空通單騎衝餘通步又三里至山口砦正關口下舊關

并東西角樓墩空俱通騎衝要

羅文谷關在遵化縣西北十里馬蘭谷東第十四關口也其北五十九里曰窟窿山又北七里曰神山嶺又北十三里曰白馬川又北十一里曰石夾口 方輿紀要

馬蘭路關砦二十五東自石崖嶺砦西至敎帽砦延袤二百三十六里大安口下關砦七石崖嶺砦 洪武年建 冷觜頭關龍池砦沙嶺兒砦大安口關鮎魚石關平山頂砦 俱永樂年建 邊城二十八里空心敵臺八十五座寬佃谷下關砦六馬蘭谷砦 洪武年建 獨松谷砦烽臺嶺砦 俱弘治十三年建 龍洞谷關寬佃谷關 俱永樂年建 餓老婆頂砦 正德十年建 邊城二十七里空心敵臺三十九座黄崖口下關砦七址塒谷砦 成化二年建古

强谷關永樂年建蠶椽谷砦青山嶺砦俱成化二年建車道谷砦嘉靖十六年建太平安砦成化二年建黃崖口關永樂年建邊城六十里空心敵臺一十二座將軍營下關砦五彰作里關將軍關黑水灣砦黃松谷關峩眉山砦俱永樂年建邊城六十九里空心敵臺一十八座四鎮三關志

馬蘭峪在遵化縣西北七十里為守禦要地有城關外六十七里曰牽馬嶺又鮎魚石關馬蘭谷東第二關口也正德四年朶顏入寇自鮎魚石毀垣入馬蘭谷十年兀良哈寇馬蘭谷參將陳乾戰死嘉靖三十四年俺荅亦自此入犯馬蘭谷其東為大安口亦要口也嘉靖三十八年嘗為寇陷口北三十六里曰椰林又北二里曰

白棗林又北十六里曰新開嶺方輿紀要

由山口砦五里至石厓嶺西三墩空平漫通單騎餘通步又四里至冷觜頭關外通大川各墩空俱衝通大舉又五里至龍池砦通大舉又十里至大安口關邊外通大川正關並各墩空俱通騎極衝又四里至沙嶺兒砦夾石口過道嶺墩內外平漫俱通騎極衝又九里至鮎魚石正關通大舉其東西墩空山險可通步又四里至平山頂砦內外平漫通馬步衝三鎮邊務總要

沙嶺兒砦其北為琵琶谷四鎮三關志

由平山頂六里至馬蘭谷境外地名秋木嶺離邊三十里通大舉東通鮎魚石南通歪骨垛東北穿謝家谷衝又三里至獨松砦駝駝谷安口墩平漫通大舉衝又七

里至峯臺嶺砦通步不通騎又五里至龍洞谷路窄正關尾子谷俱通單騎衝又五里至寬佃谷正關水口內外平漫通大舉又五里至餓老婆頂砦路窄通單騎東空平漫通騎 三鎮邊務總要

寬佃谷黃崖谷東第六關也 方輿紀要

谷有天香寺 長安客話

由餓老婆頂十里至恥瞎谷砦又三里至古强谷關並山險不通騎又三里至鷲椽谷通步不通騎又十里至青山嶺砦通單騎又八里至車道谷由橛十嶺通步不通騎又二里至太平安砦由擦子臺離砦十里通人馬正口衝又十一里至黃崖口關正關水口東西稍城斷頭厓安口墩中山兒龍扒谷磚墩東西二空俱通騎衝 三鎮邊務總要

黃崖谷關在薊州北四十里其北三十五里曰尋思谷又北十五里爲柞兒谷又車道谷堡在黃厓谷東直北即元之大典州也 方輿紀要

黃厓谷俗呼曰萬塔黃厓山嶺上一塔黃色相傳金爲之餘塔不可數東南通古北口元避暑故道也 長安客話

由黃厓口關四十里至彰作里關正關水口并紅石谷墩空俱平漫通人馬極衝又二十里至將軍石關正關水口城下內外厰邊及大段頭山小段頭山墩空極衝又十五里至黑水灣砦路狹山險通步又八里至黃松谷關正關水口城下內外平漫通人馬極衝又二十里

至峩眉山砦通步不通騎三鎮邊務總要

黄松谷關邊界分屬密雲而其地則逼近平谷縣境方輿紀要

峩眉山砦在密雲縣東北一百一十里其東曰黄松谷將軍石自將軍石而北十三里曰夾城嶺又北一里曰私鹽嶺又北十六里曰斗子谷自峩眉山東至薊州之黄崖谷關凡五口同上

興善寺在峩眉山營東二里至平谷縣二十里唐咸通三年建寺之東北里許靈泉山下有泉出爲經流于寺俗因稱水谷寺平谷縣志

白雲寺在黒豆谷砦北至縣二十五里金皇統四年建同上

墻子路關砦一十一東自魚子山西至大黄崖口延袤二百三十一里鎮鹵營下關砦五魚子山砦熊兒谷砦南水谷關北水谷關灰谷口砦俱洪武年建邊城一百四十五里空心敵臺十座墻子嶺下關砦六黄門口關南谷砦墻子嶺關磨刀谷砦俱洪武年建小黄崖關大黄崖關俱永樂年建邊城八十六里空心敵臺六十九座四鎮三關志

由峩眉山砦十五里至魚子山砦桃園墩南北順墩大青山嶺墩窜墩等處平漫通騎又二十里至熊兒峪正關水口稍通人馬其餘墩空止通單騎又二十里至南水谷正關水口平漫通騎衝又八里至北水谷正關水口并挂弓頂臥狗嶺三空通單騎衝餘通步又十里至

灰谷口腰子石墩空通單騎 三鎮邊務總要

世傳黃帝陵在漁子山今平谷縣東北十五里岡阜窿然形如大冢即漁子山也其下有軒轅廟 長安客話

元封元年帝北巡朔方勒兵十餘萬還祭黃帝冢橋山釋兵須如帝曰吾聞黃帝不死今有冢何也公孫卿曰黃帝已仙上天羣臣思慕葬其衣冠 漢武故事

按史記黃帝崩葬橋山魏王象繆襲等撰皇覽云在上郡地理志志謂是上郡同陽縣括地志謂在寧州羅川縣東八十里子午山今平谷之陵人多疑流傳之誤然帝既都涿鹿則葬于此理亦有之抑衣冠之葬或者非一處也

香嵐寺在漁子山砦南二里至平谷縣二十里金明昌三年建俗稱獨波谷寺 平谷縣志

鎮鹵營在墻子嶺南三十里有新舊兩城其東有魚子山堡西北與熊兒谷相接東入平谷縣境 方輿紀要

弘治七年八月整飭薊州邊備都御史屠勳奏故豬圈頭關平漫難守關之北三里曰北水谷南八里曰南水谷成化中各因山增設二關險要可守但區畫未備請於二關內加修城垛增立墩堡從之 孝宗實錄

由灰谷口十二里至黃門口關正關水口平漫可通大舉又松嶺墩空亦可通騎又十里至南谷砦正關河口平漫可通大舉又防秋墩空亦可通騎又八里至墻子嶺關外通大川寬漫內南高墩并窩鋪嶺及正關月城

河口俱衝又一里至磨刀谷正關水口通墻子嶺大川并大小尖山墩空平漫通大舉又三十里至小黄崖關正關河口可通單騎又十二里至大黄崖關正關通單騎餘通步 三鎮邊務總要

墻子嶺在密雲縣東北古北口之東南嘉靖二十四年朶顔二十萬騎潰此而入大掠通州及順義三河諸縣四十二年俺荅復由此入其東北爲磨刀谷嘉靖中嘗失守 方輿紀要

墻子嶺距密雲縣七十五里城周一里三百一步四尺三門叅將提調各一人守之有水關水東流至石匣南入于潮河崇禎十一年失守總督侍郎吳阿衡死焉 昌平山水記

自墻子嶺而東十六里曰城子谷又東五里曰響水川又東有陡子口李家莊青羊嶺三岔口諸處 方輿紀要

曹家路東自小臺兒砦西至將軍臺砦延袤一百三十五里關砦二十二小臺兒砦石塘谷砦姜毛谷砦蘇家谷砦大水窪砦大虫谷砦進橋谷砦惡谷砦南谷砦燒香谷砦烽臺谷砦黑谷砦水谷砦漢兒嶺關大角谷砦倒班嶺砦師姑谷砦扒頭崖砦梧桐安砦齊頭崖砦栢嶺安砦將軍臺砦 俱洪武年建 邊城一百六十四里空心敵臺五十八座 四鎮三關志

由大黄崖關十里至小臺兒砦邊外有横山通步又七里至石塘谷邊外山險通步又七里至姜毛谷邊外有横山通步又十里至蘇家谷邊外亦有横山通步又五

里至大水窪又十五里至大虫谷又十五里至逢橋谷又八里至惡谷邊外皆霧靈山障之僅通步徑右折爲馬連谷營再左爲南谷砦自惡峪口至南谷五里又五里至燒香谷邊外有霧靈山通步又十里至峰臺谷北五里至黑谷砦其北爲紅門川正關河口迤南通騎折而右十里至水谷砦平漫通騎衝又十里至漢兒嶺通川谷一道隘口窄正關并西山墩空通騎衝又五里至大角谷通步又五里至倒班嶺通大川水口迤西口土墻一帶通單騎又五里至師姑谷外通大川極衝又五里至扒頭崖東接土墻外通大川山險不通騎又三里至梧桐安砦又十里至齊頭崖山俱險又四里至栢嶺安砦廟兒嶺墩北高墩狗皮嶺路通單騎迤西墩空俱山險又六里至將軍臺山險通步 三鎭邊務總要

潮河川東二十里爲司馬臺有城二門提調一人守之東南有將軍臺堡又東四十里爲曹家砦距密雲九十里城周六里三十六步三門復築新營附城之西二門遊擊一人守之其東有黑谷關堡有水關守備一人守之南有吉家莊堡提調一人守之曹家砦之東墻子嶺之北有霧靈山距邊四十里水經注孟廣硎山也其下爲廣硎水自黑谷關入西南流逕墻子嶺西合清水河其山高峻有雲霧蒙其上四時不絕上多奇花又名萬花臺山之左右峰巒拱列深松茂栢內地之民多取材焉元史有霧靈山伐木官又言文宗命西僧於霧靈山作佛事一月而其絕頂可瞰塞內議者謂山錯在朶顏

地界據此山守之則易循山南守之甚難嘉靖初巡撫都御史王大用欲通朶顏與以重賂取其山城之不果也 昌平山水記

曹家砦在密雲縣東北九十里西去潮河川六十里古北口東第十三關口也有城城之西爲新營口外三十五里爲青沙嶺又北五十四里卽小興州又有牛心山在曹家砦土墻邊外四十里 方輿紀要

黑谷關在曹家砦東北其北十四里曰榆樹林東南三十六里爲鴿子塘又南十里曰[illegible]道兒東北過斗裏庫賊巢也 同上

惡谷砦在黑谷關南嘉靖閒議者請于惡谷紅土谷香鑪石等處塹崖壁以爲固其地蓋相近也 同上

日下舊聞

黑谷關東南爲吉家莊營又東五十里曰大安子嶺又東三十里曰黃土嶺又東北三十里曰紅門川 邊防考

霧靈山在密雲縣毎於六月六日現祥光如霧土人如期候之上多奇花又名萬花臺 獅山掌錄

霧靈山有雲峯寺相傳寶誌公曾卓錫于此 長安客話

白河發源于霧靈山 漕河考

白河源出塞外經密雲縣霧靈山爲潮河川而富河習口河七渡河桑乾河三里河俱於此會名曰白河南流經通州合通會及榆津諸河凡三百六十里至直沽會衛河入海 吳道南河渠志

霧靈山在密雲縣東北二百里距邊四十里卽水經注孟廣硎山也 方輿紀要

孟廣硎水出硎下硎甚嶒崚峩峩冠衆山之表 水經注

古北口路關砦一十八東自盧家安砦西抵鐵房谷砦延袤九十五里古北口下關砦九盧家安砦鴉鶻安砦司馬臺砦了髻山砦沙嶺兒砦磚垜子關龍王谷關師坡谷關古北口關 俱洪武年建 邊城五十五里附墻臺一座空心敵臺八十四座潮河川下關砦八潮河第一砦第五砦第六砦潮河川關第七砦吊馬谷砦陡道谷砦鐵房谷砦 俱洪武年建 邊城九十二里空心敵臺二十七座 四鎮三關志

由將軍臺十里至盧家安砦又三里至鴉鶻安砦山俱險通步又四里至司馬臺隘口通單騎又六里至了髻山又三里至沙嶺砦又三里至磚垜子關又六里至龍王谷又十里至師坡谷又十里至古北口俱外通大川各墩空俱通騎極衝 三鎮邊務總要

後梁乾化三年三月晉將劉光濬克古北口燕居庸關使胡令圭等奔晉 通鑑

遼神冊六年十一月下古北口 遼史太祖紀

統和四年十二月以古北松亭榆關征税不法致阻商旅遣使鞫之 遼史聖宗紀

宋太宗謂宰相曰幽州四面平川無險固可恃難于控扼異時收復燕薊當於古北口以東據其要害不過三五處屯兵設堡自絕南牧矣宋琪對曰范陽是前代屯兵建節之地古北口及松亭關野狐門三路並立堡障至今石壘基堞猶存將來平定幽朔止于數處置戍可

也〈太平治迹統類〉

金天輔三年蒲莧敗宋兵于古北口〈金史太祖紀〉

太祖入居庸關遼林牙耶律大石自古北口亡去〈金史粘割韓奴傳〉

遼兵屯古北古宗翰使婆盧火將兵二百擊之渾黜亦將二百人爲後援渾黜聞遼兵衆請益兵宗翰欲親往希尹婁室請行渾黜至古北口遇遼游兵逐之入谷中遼步騎萬餘追戰死者數人渾黜據關口希尹等至大破遼兵斬馘甚衆〈金史完顏希尹傳〉

宗翰在北安州將會斜也于奚王嶺遼兵奄至古北口奮擊大破之〈金史拔离速傳〉

習古迺追蕭妃至古北口〈金史婆盧火傳〉

溫迪罕阿魯帶以兵四千屯古北口薊州石門關等處各以五五百人守之窩斡收合散卒萬餘人時時出兵遶速魯古淀古北口興化之間〈金史窩斡傳〉

大定二年六月戊寅詔居庸關古北口譏察契丹奸細巳卯詔守禦古北口及石門關入月萬戶溫迪罕阿魯帶與奚戰于古北口敗焉〈金史世宗紀〉

泰和五年八月築古北口東陘二城〈大金國志〉

大安三年總管萬戶佩頭屯古北口〈金史衛紹王紀〉

貞祐二年六月潮河白河溢漂古北口鐵裹門關至老王谷〈金史五行志〉

元中統二年十月詔平章政事塔察兒率軍士萬人由古北口西便道赴行在所三年閏月立古北口驛四年

正月罷古北口新置驛 元史世宗紀

天曆元年九月上都兵入古北口將士皆潰其知樞密院事竹溫台以兵掠石槽燕帖木兒遣撒敦倍道趨石槽掩其不備擊之燕帖木兒大兵繼至轉戰四十餘里至牛頭山降者萬人餘兵奔竄夜遣撒敦出古北口逐之 元史文宗紀

至正二十四年三月壬寅禿堅帖木兒兵入居庸關甲辰皇太子率侍衛兵出光熙門東走古北口趨興松 元史順帝紀

明洪武二十二年命燕王出師古北口襲乃兒不花于迤都降下之 實錄

永樂八年正月塞古北口小關及大關外門僅通一人

日下舊聞

一騎 成祖實錄

嘉靖二十九年俺荅入寇官軍禦之于此俺荅別遣精騎走間道從關左黃榆溝出師後官軍遂潰自古北口至京師才七舍漫衍無衛戍瞭望俺荅長驅而南京師大震既而復循諸陵而北東循潮河川由古北口出關口兩崖壁立中有路僅容一車下有深澗巨石磊砢凡四十五里乃險絶之道也 方輿紀要

古北口水淺則絶潮河水大則紆廻從山頂行故石匣至古北口計程爲六十里也宋沈括言自金溝館東北行乍原乍隰三十餘里至中頓過頓屈折北行峽中濟灤水通三十餘里鈎折投山隙以度所謂古北口也時道出其西故云然其曰灤水即今之潮河也古北口城

在山上周四里三百一十步三門洪武十一年立守禦千戶所三十年改密雲後衛領左右中前後五千戶所其後以叅將一人守之唐書檀州燕樂縣有東軍古北二守捉北口長城口也又北八百里有吐護眞河奚王牙帳也金史古北口國言曰留斡嶺元史古北口千戶所於檀州北面東口置司唐莊宗之取幽州也遣劉光濬克古北口遼太祖之取山南也先下古北口金之滅遼希尹大破遼兵于古北口其取燕京也蒲莧敗宋兵于古北口元文宗之立也唐其勢屯古北口撒敦追上都兵于古北口禿堅帖木兒之入也太子出光熙門東走古北口嘉靖中俺荅之犯京師也入古北口出古北口故中居庸山海而制其阨塞者古北喜峯二口焉城

北門外有楊業祠業以雍熙中爲雲州觀察使契丹陷寰州遇于雁門北陳家谷力戰不支被擒不食三日死忠矣然雁門之北口非古北口也祠于斯者誤也 昌平山水記

自檀州北行八十里又八十里至虎北口館 使遼行程記

按古北口亦名虎北口而太原汾水之北亦有虎北口通鑑石晉天福元年契丹主至晉陽陳于汾北之虎北口開運二年趙延壽部曲降者言契丹主還至虎北口聞晉取秦州復擁衆南向是太原之虎北口也

古北口兩傍峻厓中有路僅容車軌口北有舖彀弓連

繩本范陽防阨契丹之所最爲隘束出口度得勝嶺盤道數層俗名思鄉嶺八十里至新館過雕窠嶺偏槍嶺四十里至臥如來館王沂公上契丹事

幽州之地沃野千里北限大山重巒中有五關居庸可以通大車通轉餉松亭金坡古北口止通人馬不可行車外有十八路盡兎徑鳥道止能通人不可行馬許奉使行程錄

古北口城雄據山頂蓋徐武寧所經畧也荆川集

韓琦虎北口詩東西層巘鬱嵯峨關口纔容數騎過天意本將南北限卽今天意又如何安陽集

蘇轍古北口詩獨臥繩牀已七年往來殊復少情緣魂歸故國鳥飛處身在中原山盡邊梁市朝回塵滿馬蜀江春近水浮天枉將眼界疑心界誰信逍遙物外篇欒城集

倪敬古北口詩虎豹森嚴雉堞牢亂山如戟入雲高驅車直上西岡頂沙漠依稀見白旄月樓稾

唐順之古北口作諸城皆在山之坳此城冠山如鳥巢到此令人思猛士天山萬里鳴弓梢荆川集

古北口僧寺刻宋蘇文定轍古北口道中詩云亂山環合疑無路小徑縈廻長傍溪髣髴夢中尋蜀道興州東谷鳳州西宋史元祐間轍嘗代軾爲翰林學士尋權吏部尚書使契丹館客者侍讀學士王師儒能誦洵軾之文及轍茯苓賦此蓋奉使時所題也塞北小鈔

由古北口關五里至潮河第一砦邊外大川各墩空俱

平漫通騎極衝又三里至第五砦邊外大川各墩空俱平漫極衝惟栢楂山險又一里至第六砦邊外大川惟箭口安高險不通騎其黄榆墩係嘉靖庚戌俺答入犯處又一里至潮河川關邊外大川各墩空俱通騎極衝又三里至第七砦又八里至弔馬谷又三里至柞子谷又十里至陡道谷又八里至蠶房谷山俱險通步三鎮邊務總要

潮河川守禦千戸所有關河自塞外與州發源入古北口西南經密雲懷柔至牛闌山與白河合其寛處可一二里昔人斫大樹倒着川中狹處僅二三丈以巨木爲柞其外縱横布石以限戎馬此漢郎中侯應所謂木柴僵落谿谷水門者然水性湍急大雨則諸崖之水奔騰而下漂木走石當歲歲修治又所云功費久遠不可勝

計也川之兩傍築垣立臺東臺下有鐵門關爲出入道常扃鑰不開而臺上有樓總督大臣以撫賞溢焉關外爲夾墻撫夷魚貫而前受賞于關下軍士列兩山上伐鼓吹角以震讋之下有小城曰北關營二門而川口東南有小城曰潮河川堡亦二門守備一人守之臺之東西因山爲城參差曲折千里不絶其衝處則建空心敵臺高或三四丈廣或十四五丈凡衝處或四五十步一臺緩處或二百步一臺每臺百總一人主殺敵臺頭副二人主輜重五臺一把總十臺一千總皆以南兵充之每一二里鈴柝相聞爲一墩每墩軍五人主瞭望每路傳烽官一人有警舉烽左右分傳數百里皆見應速而

宛轉令不得水路亦備禦之一法也 方輿紀要

弘治十三年火篩自大同深入乃分遣大臣戍此 同上

弘治十四年七月都御史洪鍾奏潮河川功成上勑司禮監太監李璋工部右侍郎張達閱視八月達等勘事回言鍾所鑿石洞上寬下狹僅泄小水夏秋水溢石墮仍循古道其稱得地數百頃亦近邊墻地多沙石耕種匪宜若其修築川內大小石城邊墻墩堡具有成績其用心亦可嘉也上命兵部看詳以聞於是兵科都給事中屈伸劾鍾欺罔之罪而六科十三道齊劾奏鍾并及張達詔罰鍾俸三月宥達勿問 孝宗實錄

弘治十八年六月設潮河川新營于古北口外關調古北潮河二營戍守 武宗實錄

嘉靖三十二年經畧侍郎楊博上言潮河川西山野猪嶺墩起至猪觜砦後崖止計長四百一十五丈中間剛勢坦漫豁峴五處俱係賊馬往來馳騁舊路臣令議於川內創築小石城六座每城內各築一墩自北而南三城儼如棊布自南而北三城宛如星羅臨期酌量賊勢分屯勁兵令其隱見避擊又議於川西山野猪嶺墩起至猪觜砦河口墩迤北石崖止擬修橫城一道以伐其占據山梁之謀 世宗實錄

董穀塞上曲 洗劍潮河冰滿川彎弓古北雲封韉將軍好着燒荒令莫遣花當輒近邊 參龍子集

湯顯祖送人從軍詩 鴉鶻盤雲秋氣清長川飲馬暮嘶聲新穿繡甲花襪子知是潮河第一營 玉茗堂集

由潮河川營至石匣營四十里石匣營至白馬關四十里白馬關至石塘嶺營四十里　三鎮邊務總要

密雲新城東北六十里爲石匣城城周四里二百六十四步三尺四門城西平地有石如匣深不可劚故以名其驛自會同舘東北六十里爲順義驛七十里爲密雲驛六十里爲石匣驛先置在今城南里許宣德四年密雲中衛奏爲河水所嚙徙爲弘治十七年築城自石匣城東北行十里爲腰亭鋪入山又十里爲新開嶺又十里爲老王店金史貞祐二年潮河溢漂古北口鐵裹門關至老王谷者此也　昌平山水記

正德十年五月巡關御史張鰲山陳邊防事宜謂密雲北去古北口關各百里西去黃花鎮百五十里遇警應援不能及惟石匣營爲適中請添設副將駐劄操備提督侍郎陳玉議以爲不必添設　武宗實錄

石匣營距密雲縣治六十里洪武中建土城嘉靖中增築石城屹然遂爲一巨鎮矣　長安客話

石塘路關砦二十三東自陳家口西抵开連口延袤二百五十里白馬關下關砦十一陳家谷關東駝谷關西駝谷關左二關響水谷關白馬關划車嶺砦白崖谷關馮家谷關營城嶺關黃崖口關　俱永樂年建　邊城一百五十五里空心敵臺三十六座石塘嶺下關砦十二石塘嶺關東石城關西石城關東水谷關大艮谷砦白道谷關牛盆谷關小水谷關大水谷關河坊口關神堂谷關开連口關　俱永樂年建　邊城九十二里附墻臺三座

空心敵臺五十九座 四鎮三關志

由蠶房谷十里至陳家谷橫嶺北平漫通單騎又五里至東駝骨關北平南險通單騎又十里至西駝骨關正關并迤東墩空通騎衝又三里至左二關正關通騎極衝餘通步又十里至響水谷通步又十里至白馬關正關河口通連騎極衝紅土谷并莊窠谷通單騎餘通步又三里至划車嶺正關平漫通單騎今改修邊堡又十里至白崖谷通步又十二里至馮家谷正關并迤西六墩空俱通單騎衝又二十里至營城嶺山險止通步又五里至黃崖口關正關通單騎衝鮎魚石墩空通單騎餘通步 三鎮邊務總要

白馬關在石塘嶺東北四十里東去潮河川九十里有城有水關關北七十里有湯河又北百里爲滿套兒要衝也自湯河上稍正南行順白河至石塘嶺可二百里山惡水深稱爲天險 方輿紀要

白馬關相近有高家堡萬曆中朶顏犯石塘嶺攻白馬關及高家堡官軍禦卻之 邊防考

由黃崖口關五里至石塘嶺正關河口寬敞通人馬其關東石門墩夏秋水大河石坳馬難行打虎安老鴉嶺三空墩亦可通馬餘山險通步又三里至東石城又二里至西石城正關俱通單騎餘通步又四里至東水谷關正關通單騎東西南山俱陡又十五里至大良谷兩山陡峻通步又三里至白道谷通步不通騎又五里至牛盆谷通步又五里至小水谷山險通步又七里至大

水谷正關口并東山崖通單騎餘通步又五里至河防口通大川正關河口并東西兩山墩空俱衝又十五里至神堂谷串條子墩空通連騎極衝餘通步又二十里至开連口通大川正關水口寬漫通連騎極衝黃草窪南山墩東敵臺三空通單騎迤西各墩空通步 三鎮邊務總要

石塘嶺之陰有崖儼如鳥形綠羽紅喙舊呼鸚鵡崖 長安客話

許倓塞上曲 古北關前月似霜石塘嶺下塞雲黃鳴笳夜半邊聲起不是征夫亦斷腸 西峪集

大水谷河源出塞外歷懷柔順義界至孫家莊東北合黃花鎮川河 昌平山水記

大水谷關在懷柔縣東北三十里北去密雲縣之石塘嶺四十里有城旁地平坦賊騎易入其北十八里曰段伏嶺又有安子嶺在口北八十餘里皆防禦處 方輿紀要

河防口關在縣東北开連口東第二關口也口外為連雲棧又北為沙嶺兒隘窄不容馬防守較易 同上

开連口關在縣北黃花鎮東第十一關口也其東北二十八里有三角城本名三角村徐達敗元于此 同上

薊鎮設督臣自嘉靖庚戌始 太函集

日下舊聞卷三十六終

日下舊聞卷三十六補遺

邊障上

鐵門山距鐵門關三里在李家谷左其南爲穹窿山頂明如月穿之跨其巔山與鐵門山並高其洞十丈大小二孔廣如高之半旁爲穹窿者多其陽平疇也洞內周十餘里小洞十數極巔大洞紅嘴鴉之巢也轉而東懸石皆五色又東崖向北前坡鼓以八音莫不應焉名應樂軒出洞口十里爲西山嶺卽喜峯古松亭山也其峯削下腰有洞二丈餘深倍之有墳在岡臨關口乃古蕃王墓元許有壬紀事謂有久戍士父尋之相逢于此喜笑父子俱死瘞焉曾掘之風雨大作而止今戍者歲祀之其稱喜峯葢訛自永樂之後也 碣石叢譚

萬曆庚辰夏仲辛巳鵲蛇鬭于喜峯東園 同上

萬曆甲申仲夏辛酉喜峯井兒北九號臺轟雷霹電將鋪房三間并汛軍火器盡燬震死戍兵童守忠臺正臺副龔象壬亮三人越五日三屯營丑時地震丁亥仲夏癸巳三屯營酉時地震自西北而東南有聲如雷喜峯李家谷申時風雨交作雹擁尺餘 同上

薊鎭忠烈廟合祀于三屯以死事都督孫臏未曾立廟但塑象于景忠山三忠祠後新廟既成舁入居中獨坐以副總兵而下旁列祀之 同上

三屯城東北二十五里爲芹菜山遼進士馮唐卿于山前結廬種芹自給故名其險則青山關營也 同上

徐武寧王之入燕都也順帝夜開健德門北奔太子率

侍衛兵出光熙門東走古北口趨輿松順帝駐應昌府一年而殂國人謚曰惠宗太子嗣立改元宣光凡十一年謚曰昭宗歷代建元考

昆田謹按順帝北走駐蹕應昌太子愛猷識里達嗣立徙和林改元宣光高麗稱爲北元辛禑嘗奉其年號時洪武十年也明年豆叱仇帖木兒立北元遣使告高麗繼又以改元天元告高麗具見鄭麟趾高麗史則繼順帝而建元者非止宣光矣

宋初自雄州東際于海多積水議者以爲宜度地形高下建阡陌浚溝洫所以實邊廪而限戎馬今潮河川一帶何不仿此遏水爲陂則所防止水堅時爾谷水談林

李夢陽詩孤蓬絕塞口匹馬戍程前跨迴烟墩直緣危石棧連飛雲下獨石逝水入潮川舊對張軍帥題詩醉菊天空同集

軒轅陵在橋山載紀所同特橋山匪一上郡嬀州皆有之漢武帝元封元年帝北巡朔方勒兵十餘萬還祭黄帝冢橋山此上郡之橋山也北魏明元帝神瑞二年六月丁卯南次石亭幸上谷壬申幸涿鹿登橋山觀温泉使使者以太牢祠黄帝遂至廣甯泰常七年九月幸灅南遂如廣甯幸橋山遣使者祠黄帝因東幸幽州太武帝神䴥元年八月東幸廣甯臨觀温泉以太牢祭黄帝此嬀州之橋山也郭景純注山經云帝王冢墓皆有定處而山經往往複見蓋聖人久于其位仁化廣及至于

列亡四海無思不哀故絕域殊俗之人聞天子崩各自立位而祭起土爲冢是以所在有焉景純之論可謂善言古者矣後之讀史偏執成見以史記爲是必以魏書爲非然黄帝既都涿鹿安在嬀州之不可營塋乎 讀史折衷

喜峯口古松亭關外有山石壁峭絕萬仞無蹊徑可上巔有精舍三合朱扉粲然自下望之可見土人云每夜聞其上有鐘梵聲竟不能測 皇華紀聞

參將魏祥死節于石塘嘉靖丙申勅建祠于古北口大石山之陽 黄圖雜志

薊鎮經畫臺墻規制俱出于戚少保 海嶽山房集

彭汝礪過虎北口詩雪餘天邑更清明野店忽聞雞

一聲地里山川從禹畫人情風俗近燕京漁陽父老常流涕燕領將軍執請纓容覆不分南與北方知聖德與天平 都陽集

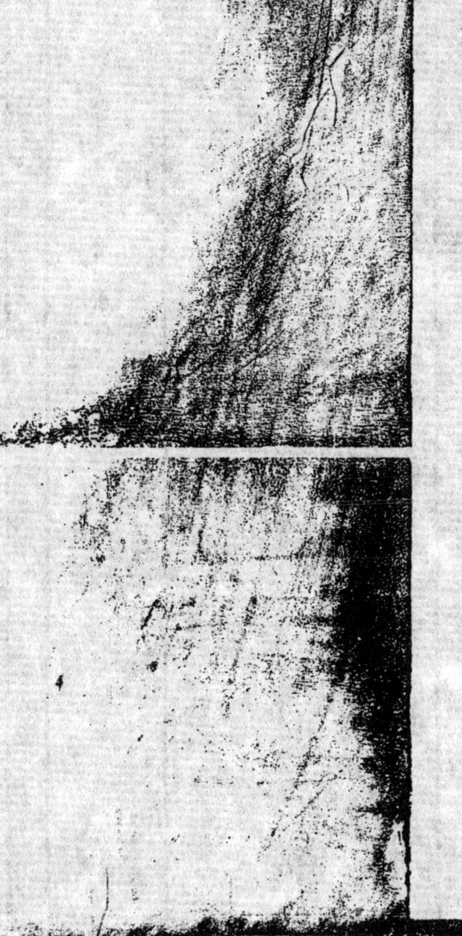